创新之路

——湖南省怀化市"四跟四走"
精准扶贫的实践与探索

胡应南 著

人民出版社

统　　筹:侯俊智　侯　春
策划编辑:侯俊智
责任编辑:侯俊智　陈建萍
责任印制:孙亚澎
封面设计:语丝设计室

图书在版编目(CIP)数据

创新之路——湖南省怀化市"四跟四走"精准扶贫的实践与探索/
　胡应南 著. —北京:人民出版社,2016.8
ISBN 978－7－01－016571－4

Ⅰ.①创…　Ⅱ.①胡…　Ⅲ.①扶贫-研究-怀化市　Ⅳ.①F127.643

中国版本图书馆 CIP 数据核字(2016)第 185266 号

创 新 之 路

CHUANGXIN ZHI LU

——湖南省怀化市"四跟四走"精准扶贫的实践与探索

胡应南　著

人民出版社 出版发行
(100706　北京市东城区隆福寺街99号)

北京汇林印务有限公司印刷　新华书店经销

2016 年 8 月第 1 版　2016 年 8 月北京第 1 次印刷
开本:710 毫米×1000 毫米 1/16　印张:15.5
字数:155 千字

ISBN 978－7－01－016571－4　定价:35.00 元

邮购地址 100706　北京市东城区隆福寺街 99 号
人民东方图书销售中心　电话 (010)65250042　65289539

各级党委和政府必须增强紧迫感和主动性，在扶贫攻坚上进一步理清思路、强化责任，采取力度更大、针对性更强、作用更直接、效果更可持续的措施，特别要在精准扶贫、精准脱贫上下更大功夫。

——习近平

（2015 年 6 月 18 日，在贵州召开部分省区市党委主要负责同志座谈会上的讲话）

序 言

以"四跟四走"精准扶贫的新经验
完善社会主义制度

高放

胡应南同志的新著《创新之路——湖南省怀化市"四跟四走"精准扶贫的实践与探索》由人民出版社出版发行，值得祝贺。因为，这本书通过发现和剖析湖南省怀化市"四跟四走"精准扶贫这一典型，从一个侧面阐述了体制改革以及转变生产方式的重要性、必要性与可行性，因而升华了精准扶贫的重要性和它广泛的社会意义。

放眼神州大地，自 2007 年全国人大通过并实施《中华人民共和国农民专业合作社法》之后，我国新型的农民专业合作社发展迅速。据统计，到 2015 年年底，八年间已经发展到 1531105 家，社员总数已经达到 4159 万，超过全国农户总数的三分之一。我看到这个喜讯之后特别兴奋和激动。因为我早在 1954 年就在中国人民大学全校科学讨论会上作过《论我国过渡时期的工农联盟》的报告，该文获得全校优秀科学论文乙等奖，后由华东人民出版社和上海人民出版社出版过单行本，发行 6 万多册，这激起了我对研究"三农"问题的兴趣。2009 年为迎接国庆 60 周年，我又应中央党校主办的《理论前沿》之约撰写了《建国六十年来工农联盟的发展》。我在文末提出：当今解决"三农"问题的根本途径在于逐步实现农业工业化产业化、农村城镇化城市化和农民工人化市民化，实现农业产业化的"最佳方案应是实行土地入股，建立土地股份制的新型农业合作社，推举贤能负责生产经营"。当我看到怀化市总结出的"四跟四走"精准扶贫的实践经验时，正是我七年前设想的解决"三农"问题方案的具体化，我内心深感欣喜万分！怀化市把国家扶贫资金遵照贫困户民意，通过与致富能手组建专业合作经济组织，采取合伙入股的方式，交给致富能手管理运作，发展市场需要的农业产业，在提高农业生产力的前提下实现贫困户脱贫，进而使农民达到共同富裕。

在中国共产党成立 100 周年之际，全面建成小康社会，这是党的十二大以来所确定的一个战略目标。为实现这个目标，历届党和政府都高度重视，投入了巨大的人力、物力和财力，实施扶贫攻坚计划。

但是，到目前为止，全国尚有 7000 多万贫困人口没有脱贫。为什么扶贫任务还如此艰巨，问题的关键是什么？湖南省怀化市委书记、市人大常委会主任彭国甫认为是制度还不够完善，是制度的短板局限了扶贫的"最后一公里"，要打通扶贫攻坚的"最后一公里"，必须进行体制改革。所以，怀化市委、市政府大胆改革，简政放权，把有关民生的 51 项权力下放到乡镇，由此而引发了怀化市、县、乡、村生产关系的变革，致使"四跟四走"精准扶贫走上了一条符合生态文明时代发展的新路。他们所总结的"四跟四走"就是"资金跟着贫困人口走，贫困人口跟着致富能手走，致富能手跟着产业项目走，产业项目跟着市场走"。这条精准扶贫的新路实际上就是当今农民专业合作化的新路，一定会大力快速提高农业生产力，农民不仅可以脱贫，而且可以走上共同富裕的社会康庄大道。

农村这种农业新型农民生产合作社的大发展，不仅是农村生产方式的大转变，而且还会促进农村社会主义经济基础的拓展和巩固，进而引起政治上层建筑的大变化。这首先将是加快我国的政治体制改革。

中国改革开放证明了没有政治体制的变革，经济体制变革也就难以发生。有许多人认为中国改革开放只有经济体制的变革，而没有政治体制的变革，这种认识完全不符合实际。因为，中国的改革开放首先是从政治体制开始的。1978年12月召开的党中央的工作会议和党的十一届三中全会，正是由于充分发扬了党内民主，才能摒弃以阶级斗争为纲的指导思想和基本路线，废除领导职务终身制，农村撤销政治经济合一的人民公社体制，实行以公有制为主体，非公有制经济共同发展的经济体制，这些都是中国改革开放时期政治体制改革的坚实内容。没有这些政治体制改革的措施，也就没有中国经济体制改革的成就。

同样如此，今天要实现小康社会，要精准扶贫，同样首先要在机制上和体制上做文章。因为，制度的短板局限了我们的经济发展，局限了精准扶贫的发展。全面实现小康社会的"最后一公里"打不通，主要是体制上的原因，而不是经济上的原因。如果单纯从经济上去寻找精准扶贫的原因，是找不准原因的。只有从制度上、从体制上去寻找精准扶贫的方法，才有可能找到事物的根本。湖南省怀化市精准扶贫首先是从制度上、从体制上去寻找切入口，这样就牵住了"牛的鼻子"。完善体制和制度，精准扶贫的矛盾就迎刃而解了。这就是怀化市"四跟四走"精准扶贫的意义所在。

怀化市、县、乡、村制度与体制的变革，带来了生产方式的转变。因为，有什么样的生产关系就有什么样的生产方式。随着乡镇体制与机制的变革，怀化农村的集体经济出现了新的合作经济形态。这种新的集体经济的形态适应了新历史时期农村经济的新发展。这是信息化、网络化时代农村经济新发展的新的时代特点。我们要善于把握这种新的集体经济发展的新趋势，引领"三农"的发展。

回顾20世纪50年代初，我国的农业合作化是在农民土地私有制和国家实行计划经济的条件下缺乏科技的大力支持，急于把农民的土地和各种生产资料都集体化。1956年，中国农村急于完成农业生产合作化，1958年又急于超前搞人民公社，实行"一大二公"的生产方式，这种生产方式由于科技水平低和"剪刀差"的存在，实际上是损害了农民的利益，束缚了农村生产力的发展。这种以革命的名义推行的集体经济组织，生产关系不和谐，必定带来生产方式的不协调，农业生产力难以快速提高，农民生活难以改善，贫困户无法脱贫。所以，改革开放初期生产方式的转变，首先是从调整生产关系开始的。农村实行生产责任制，经济体制以公有制为主体，多种经济成分共同发展也就成为了历史的必然。1978年改革开放后，1980年撤销了人民公社这种政社合一的体制，把农业的生产权和消费权交还给农民，极大地解放了农村生产力的发展。经过改革开放30多年的发展，农村经济发生了翻天覆地的变化。随着科学技术的进步，随着信息化全球化时代的到来，农村经济再实行个体经济的生产方式，已经远远不适应现代农业和农村经济的发展。当今在土地已经国有化、集体化，国家从计划经济转轨到市场经济的条件下，农业专业化生产、集约化规划、规模化经营、市场化销售已经成为现代农业发展的新趋势。在这样的时代背景下，农民享有土地使用权，农民承包的土地责任制不变，但是，以自己承包的土地作为生产资料加入合作化生产，组成股份制公司，这样，新的生产关系产生出新的生产方式，实行农业的现代化生产，这种生产关系与生产方式，适应了信息化、全球化时代与生态文明时代的发展。这与60年前的集体经济的合作社无论是内容还是形式，都有着根本的区别。第一，以前的集体经济，农民把自己私有的土地上交给集体。而现在的土地使用权还是归农民享有。第二，现在的集体经济是以发展农业产业经济为目标的，个人享有经济权利。发展多少，收益多少，分配多少，农民都心知肚明。而以前的集体经济却是完全归集体所有，个人只有到了年终才得知能分多少。

第三，现在的集体经济以产业化、集约化、规模化、市场化为指导，产品要满足社会需求，要丰富多彩。为此要发展绿、蓝、红、黄、白五彩农业(绿色农业指传统种植业；蓝色农业指把海洋藻类植物引入江河湖池种植；红色农业指畜牧业和禽业；黄色农业指五谷加工业；白色农业指微生物资源农业，农业工人要穿上白色大褂，在洁净的车间生产蛋白质农场奶品。详见拙作《建国六十年来工农联盟的发展》，收入《高放文集》第 10 卷《马克思主义与社会主义新论》，黑龙江人民出版社 2012 年版，第 489 页)，主要供应全省、全国以及出口。以前的集体经济，单一性、分散性、小规模，主要是满足当地、小范围的需要。第四，以前的集体经济是在蒸汽化、电气化科技水平下发展，那时农业现代化只能得到拖拉机、联合收割机和化学肥料等的支持。当今的集体经济是在信息化、基因化的最新科技水平下发展的，许多农民都拥有智能手机，可以联络四方，获得各种信息。尤其是"互联网＋"大数据的运用将加快促进现代化、社会化农业生产力的提高，基因工程的进步对于农、林、牧、副、渔各业的发展更是前景无量。

湖南省怀化市的集体经济组织形式，都是自愿组合的股份制企业，因而与 20 世纪的合作社、人民公社有着根本的区别。这种改革开放 30 年后期的新的经济组织形式的出现，与改革开放前期 30 年的生产方式的根本区别就是从农村个体经济自愿向新集体经济的转变。这是生态文明时代、信息化、全球化时代农村经济新的时代特点。这也是对社会主义制度的一种不断完善的过程。中国的改革开放就是对中国社会主义制度的不断完善。

有的人之所以会认为中国的改革开放没有政治制度改革，就是没有认识到中国的改革开放不是要推倒社会主义制度重来，而是对社会主义制度的不断完善。只有认识到改革开放就是对社会主义制度的不断完善，我们才有可能认识到要不断完善社会主义制度，弥补社会主义制度的短板，就必须实行改革开放。从这个意义上说，怀化市的"四跟四走"精准扶贫，就是一场新的改革开放的开端。

胡应南同志从 1995 年至 2010 年，担任香港《镜报》的时政专栏主笔。他善于从中西文化的视野来观察中国社会，因而具有不凡的观察力。2001 年他提出的中国现代化离不开中国传统文化的观点，逐步得到认同。胡应南也长期观察和研究中国农村经济的发展走向。2000 年他写作的《湖南农村第二次创业》，阐述了农村新集体经济的发展趋势，受到党中央和国务院领导的关注和肯定。现在，这本新著又是有关农村改革问题的探索。探索要取得成功，一定要深入认识历史发展的规律。正如恩格斯在《路德维希·费尔巴哈与德国古典哲学的终结》中所指出的："历史的进程是受内在的一般规律支配的。""历史事件似乎总的说来同样是由偶然性支配着的。但是，在表面上是偶然性在起作用的地方，这种偶然性始终是受内部的隐蔽着的规律支配的，而问题只是在于发现这些规律。"（《马克思恩格斯选集》第 4 卷，人民出版社 1995 年版，第 247 页）湖南省怀化市

"四跟四走"精准扶贫中所体现出来的体制改革、集体经济的新集合的历史性规律，也不是偶然出现的历史现象，而是有规律可循的历史必然。

精准扶贫是习近平总书记积40年扶贫攻坚实践经验而探索出来的新思想、新观念。习近平总书记在纪念中国共产党95周年大会上的讲话中指出："我们要把完善和发展中国特色社会主义制度、推进国家治理体系和治理能力现代化作为全面深化改革的总目标，勇于推进理论创新、实践创新、制度创新以及其他各方面的创新，让制度更加成熟定型，让发展更有质量，让治理更有水平，让人民更有获得感。"从制度文明的意义上讲，经济基础决定上层建筑，上层建筑又反作用于经济基础。湖南省怀化市"四跟四走"精准扶贫的制度创新带来了新的农民专业合作经济的发展，带来了生产方式的转变，进而会促进我国的政治体制改革。所以，我们实施精准扶贫，完成全面建成小康社会的历史使命，实质上就是推进全面深化改革。从湖南省怀化市"四跟四走"精准扶贫的成功，我们对全面深化改革的成功，也就可以更加充满信心。

欣然为序。

（本序作者为中国人民大学荣誉一级教授、1981年我国第一批博士生导师、中国政治体制改革研究会原副会长）

目　录

第三章
"四跟四走"精准扶贫的理论创新意义

第四章
"四跟四走"精准扶贫的实践创新意义

引　论
精准扶贫
—— 全面建成小康社会的"最后一公里"

　　党的十一届三中全会以来，党中央在规划中国经济社会发展蓝图时提出了"小康社会"的战略构想。党的十二大政治报告提出了在建党 100 周年之际，实现小康社会的构想。随着中国特色社会主义建设事业的深入推进，"小康社会"的内涵和意义也在不断丰富和发展。20 世纪末，我国实现了"基本小康"目标之后，党的十六大根据新形势新要求，明确提出了"全面建设小康社会"的新目标。

　　党的十八大根据我国经济社会发展实际和新的阶段性的历史特征，在党的十二大、十三大、十四大、十五大、十六大、十七大确立的全面建设小康社会目标的基础上，提出了到 2020 年全面建成小康社会的战略目标。这一发展目标，政策更加明确，方向更加清晰，目标更加精准，人民意愿更加强烈。全面建成小康社会的核心在于"全面"，关键在于解决贫困问题，解决贫富悬殊的问题。习近平总书记指出："小康不小康，关键看老乡，关键在贫困的老乡能不能脱贫。"让农村贫困人口如期脱贫致富，是判断我国是否全面建成小康社会的刚性标志。

　　我国要实现到 2020 年全面建成小康社会这一宏伟目标，从现在算起还有不到 5 年时间，已经进入了决胜阶段。党中央清醒地认识到，如何让主要分布在革命老区、民族地区、边疆地区和连片特困地区的 7000 多万农村贫困人口如期脱贫，是当前最为迫切的任务，必须合理安排公共资源，动员全党、全社会力量齐心协力打赢这场脱贫攻坚战。习近平总书记指出："我们不能一边宣布全面建成了小康社会，另一边还有几千万人口的生活水平处在扶贫标准线以下，这既影响人民群众对全面建成小康社会的满意度，也影响国际社会对我国全面建成小康社会的认可度。"

让 7000 多万农村贫困人口如期脱贫确实面临很多困难，任务十分艰巨。有人认为，贫困是人类社会发展相生相伴的社会自然现象，消除贫困在当今中国是一个不太现实的目标。让所有贫困人口如期脱贫仅仅是政治口号而已。很显然，这种认识虽然有客观的现实存在，但是没有用辩证唯物主义和历史唯物主义来看待几千万贫困人口难题，没有认识到中国特色社会主义的制度优势，这不符合马克思主义实事求是的思想原则。

贫穷是中国农村的历史与现实问题。脱贫致富也一直是中国农村的历史与现实的艰巨任务。习近平从 1969 年至 1975 年，作为知识青年下放到陕西省延川县文安驿公社梁家河大队，并担任大队党支部书记，所从事的工作其实就是扶贫的基础性工作。

从那时起，习近平在 40 年间，先后担任过大队支部书记、县委书记、地委书记、省委书记、中共中央总书记。用习近平自己的感受来说，在不同的工作岗位上，他精力花费最多的就是扶贫工作。

在河北正定县，习近平任县委书记期间，制定出了"对外开放、对内搞活、依托城市、开发智力、发展经济、致富人民"的发展方针。

在福建宁德，习近平担任地委书记期间，创造了"宁德扶贫模式"。弱鸟先飞、滴水穿石、久久为功，成为宁德扶贫的坚强信念与坚守的行动。

在福建任省委副书记、省长期间，习近平兼任福建宁夏对口帮扶领导小组组长。先后五次出席闽宁对口扶贫协作联席会议，三次发表重要讲话，两次到宁夏考察指导。直接组织实施了闽宁对口扶贫协作。20 年来，福建宁夏扶贫协作结出了丰硕的果实。宁夏自治区生产总值增长了 16.6 倍，人均可支配收入增长 7 倍，农村居民人均可支配收入增长 11 倍。

可以说，扶贫攻坚是习近平 40 余年不忘初心、始终不渝、一以贯之的奋斗目标。这一目标的实践，体现了中国共产党人崇高的历史责任感和全心全意为人民服务的高尚情操。

2013 年 11 月，习近平总书记在湖南湘西考察扶贫攻坚，首次提出精准扶贫思想原则。强调扶贫要实事求是，不要定好高骛远的目标，切忌喊口号。2015 年 6 月 16 日至 18 日，在贵州召开的部分省市区党委主要负责同志座谈会上，习近平总书记对扶贫工作提出指导性原则："切实落实领导责任，切实做到精准扶贫，切实强化社会合力，切实加强基层组织。"并对精准扶贫提出了六个具体要求。"各地都要在扶持对象精准、项目安排精准、资金使用精准、措施到户精准、因村派人（第一书记）精准、脱贫成效精准上

想办法、出实招、见真效。""全国各族人民要共同努力，共同奋斗，共同奔向全面小康。"（新华网，2015年7月22日）

按照习近平总书记的阐述，全面建成小康社会，让贫困人口如期脱贫是指农村几千万人口的生活水平要提高到贫困标准线以上，是精准扶贫的历史使命。党的十八届五中全会明确提出到2020年全面建成小康社会时，按2010年贫困标准确定的贫困人口全部如期脱贫。

2016年7月1日，在庆祝中国共产党成立95周年大会上，习近平总书记指出："打赢脱贫攻坚战，保证人民群众平等参与、平等发展权利，使改革发展成果更多更公平惠及全体人民，朝着实现全体人民共同富裕的目标稳步迈进。"这一论述为精准扶贫确立了目标和方向。可以说，全面建成小康社会，让所有农村贫困人口如期脱贫，不仅仅是一个脱贫的指标和标准的问题，更是一个人心向背的民主科学的大问题，是一个实现社会主义共同富裕的本质和原则的大问题，也是一个历史发展的大趋势。在社会主义历史的建设初期，我们曾经犯过严重的"左"倾错误，宣布跑步进入共产主义社会，十年超过英美，结果让老百姓失望。到2020年我国将正式宣布已经建成全面小康社会的时候，不仅仅是各项指标都要实现，更重要的是要让中国老百姓有幸福的满足感、获得感，让世界对中国的社会发展有钦佩感、认同感。

没有农村的小康，没有贫困地区人口的小康，就没有全国的全面小康。"脱贫致富一个不能少。"可以说，精准扶贫是全面建成小康社会的"最后一公里"。

怀化市属于武陵山集中连片特困地区，所辖13个县、市、区都是扶贫攻坚片区县。贫困面大、贫困人口多、贫困程度深仍然是怀化市最大的基本市情。重任在肩，形势逼人。近年来，怀化市委、市政府以习近平总书记系列重要讲话精神为指引，认真贯彻落实中央扶贫开发工作会议、湖南省委十届十三次全会精神，按照湖南省委、省政府要求，不断强化"悠悠万事、脱贫为大"的紧迫感和责任感，以"不摘贫帽摘官帽"的高度的政治自觉、高度的责任担当，高举扶贫攻坚大旗，苦干实干巧干三五年，坚决打赢脱贫攻坚战。

2015年8月18日，中共怀化市委四届九次全会对全市精准扶贫工作进行研究部署，审议通过了《中共怀化市委关于实施精准扶贫加快推进扶贫开发工作的决议》，制定下发了《怀化市精准扶贫攻坚行动实施纲要（2015—2020年）》。《决议》提出，到2018年建市20周年时，农民人均可支配收入达到9000元以上，贫困人口减少到18万人以下，贫困发生率减少到7%以下；到2020年，全市75.23万贫困人口整体脱贫，13个扶贫工作重点县、市、区和全市1237个贫困村全部摘掉贫困帽子，农民人均可支配收入达到10000元以上，贫困村基础设施、基本公共服务主要领域指标接近全省全市平均水平。

围绕学习贯彻习近平总书记关于扶贫开发系列重要讲话精神，贯彻落实党中央、国务院和湖南省委、省政府关于脱贫攻坚的决策部署，怀化市委书记、市人大常委会主任彭国甫表示：怀化将全力以赴，决战决胜脱贫攻坚，坚持因地制宜、造血为主、生态优先，更好发挥基层组织战斗堡垒作用，更好激发内生潜力，千方百计增加农民收入，走可持续脱贫致富之路，加快建成脱贫攻坚的示范区。目前，怀化正以全面深入推进"四跟四走"精准扶贫为支点，着力推进农业生产方式、农民生活方式和农村治理体制、机制、方式方法改革，采取项目化、工程化、精准化的举措，加快创建脱贫攻坚示范区。

第一章
"四跟四走"
——湖南省怀化市精准扶贫的实践创新方式

精准扶贫，是相对于过去粗放型扶贫的现实所提出的一个更加符合客观实际、更加符合科学发展的扶贫的新概念。这个新的概念针对不同贫困区域环境、不同贫困农户状况，运用科学有效程序对扶贫对象实施精确识别、精确帮扶、精确管理的治贫方式。精准扶贫一般来说，主要的就是帮助贫困农民脱贫致富，谁贫困就扶持谁。

2013 年 11 月，习近平总书记在湖南湘西自治州考察时首次提出了"精准扶贫"重要思想（《人民日报》2013 年 11 月 5 日），并要求湖南"积极探索可复制的经验"。2014 年 1 月，中央办公厅详细规制了精准扶贫工作模式的顶层设计，推动了"精准扶贫"思想落地。2014 年 3 月，习近平总书记参加两会代表团审议时强调，要实施精准扶贫，瞄准扶贫对象，进行重点施策，进一步阐释了精准扶贫理念。2015 年 1 月，习近平总书记新年首个调研地点选择了云南，他强调坚决打好扶贫开发攻坚战，加快民族地区经济社会发展。5 个月后，习近平总书记来到与云南毗邻的贵州省，强调要科学谋划好"十三五"时期扶贫开发工作，确保贫困人口到

2020年如期脱贫，并提出扶贫开发"贵在精准，重在精准，成败之举在于精准"。"精准扶贫"成为中国政治、经济、文化、社会发展的一个关键节点，成为全面建成小康社会的一个光荣历史使命。

2015年10月16日，习近平总书记在2015减贫与发展高层论坛上强调，中国在扶贫攻坚工作中采取的重要举措，就是实施精准扶贫方略，增加扶贫投入，出台优惠政策措施，坚持中国的制度优势，注重抓六个精准，坚持分类施策，因人因地施策，因贫困原因施策，因贫困类型施策，通过扶持生产和就业发展一批，通过易地搬迁安置一批，通过生态保护脱贫一批，通过教育扶贫脱贫一批，通过低保政策兜底一批，广泛动员全社会力量参与扶贫。

精准扶贫是一个历史过程的延续和全面小康的最后一公里。

我国扶贫开发始于20世纪80年代中期，通过近30年的不懈努力，取得了举世公认的辉煌成就。但是长期以来，由于贫困户数据来自抽样调查后的逐级往下分解，扶贫中的低质低效问题普遍存在，比如，贫困户底数不清；扶贫对象往往由基层干部"推测估算"；扶贫资金"天女散花"，以致"年年扶贫年年贫"；重点扶贫县舍不得"脱贫摘帽"，数字弄虚作假，挤占浪费国家扶贫资源；人情扶贫、关系扶贫，造成应扶未扶、扶富不扶穷等社会不公，甚至滋生腐败。表面上看，这种粗放型扶贫是工作方法上存在的问题，而实质反映的却是干部为人民服务的群众观念和执政理念到位不到位的大问题，是密切联系人民群众，与其同甘共苦、风雨同舟，还是不问民间疾苦，漠视群众利益，做官当老爷，脱离群众,最后被历史和人民所抛弃的大是大非问题。

我们应该承认,过去的扶贫工作是有成绩的。但是,由于过去的扶贫制度设计存在短板和缺陷,不少扶贫项目粗放"漫灌",针对性不强,更多的是在"扶农"而不是"扶贫"。以扶贫搬迁工程为例,居住在边远山区、地质灾害隐患区等地的贫困户,是扶贫开发最难啃的"硬骨头",移民搬迁是较好的出路。但是,因为补助资金少,享受扶贫资金补助搬出来的多是经济条件相对较好的农户,真正的贫困户搬不起。产业扶贫、劳务扶贫等项目,主要受益的还是贫困户中的中高收入者,真正的贫困户受益相对较少。

特别是政经合一的人民公社改制以后,与农民群众相关的民生管理权限上收到县一级人民政府,也逐渐造成了农民群众生产与生活的诸多不便,加大了贫困农户的生产与生活负担,也加大了贫富悬殊的距离。同时,过去有的地方的扶贫,是单向的、单一的扶贫,游离于市场经济的主战场,没有与市场经济相融合,使扶贫对象年年扶贫,年年贫,有的是周而复始,成为扶贫"老大难",凸显在扶贫问题上存在着治理能力和治理体系的缺陷。

总之,农村的管理体制与现实发展不相适应,是粗放型扶贫普遍存在的问题,是扶贫不到位的问题关键。要认真贯彻落实习近平总书记"精准扶贫"的指示精神,就必须从实际出发,坚持向改革创新要出路、求发展。这样,简政放权就成了精准扶贫的第一抓手;改变生产方式成为精准扶贫的内生动力;抓好村党支部建设成为精准扶贫的基础性工程;加强社会管理能力和社会综合治理体系建设也就成了精准扶贫的综合实力。在这样的思想指导和布局下，怀化市探索实践出了"四跟四走"精准扶贫的全新模式，有效提升了扶贫成效。全市贫困人口由 2013 年的 90.23 万减少到 2015 年的 56.42 万，2015 年年底农村居民人均可支配收入达 7203 元，同比增长 11.2%。"四跟四走"精准扶贫的经验和做法，得到了党中央、国务院和湖南省委、省政府的高度肯定，《人民日报》、新华社、人民网、中央电视台等主要媒体作了宣传推介。2016 年 3 月 8 日，习近平总书记在参加全国人民代表大会湖南代表团讨论时，对"四跟四走"精准扶贫的做法给予充分肯定。习近平总书记指出：这些年，湖南在精准扶贫上做得是认真务实的。湖南省探索的产业扶贫"四跟四走"路子要落实好。要以更大的决心、更明确的思路、更精准的举措，打好脱贫攻坚战，如期实现脱贫攻坚目标。

习近平总书记提出的"精准扶贫"重要思想，不仅成为指导我国扶贫工作的重要方针，为我国脱贫攻坚、全面建成小康社会取得成功奠定了思想基础，而且提升了关于社会主义共同富裕的思想认识，是马克思主义中国化的又一个重要的最新成果，具有现实的实践意义和深远的历史意义。

第一节 "四跟四走"精准扶贫的基本内容和形式

"四跟四走"精准扶贫，就是资金跟着贫困人口走，贫困人口跟着致富能手走，致富能手带着贫困人口跟着产业项目走，产业项目跟着市场走。

2016 年 3 月 8 日，习近平总书记参加全国人民代表大会湖南代表团讨论时发表重要讲话后，湖南省委、省政府就贯彻落实习近平总书记重要讲话精神要求："全省各级各部门务必把学习贯彻落实好总书记的重要讲话精神作为一项重大政治任务，切实以讲话精神来统一思想行动、凝聚智慧力量、推动各项工作。""要加大全面小康建设分类指导力度，集中力量打好精准脱贫攻坚战。"为深入贯彻习近平总书记关于"实事求是，因地制宜，分类指导，精准扶贫"的重要指示精神和省委、省政府的具体要求，怀化市委、市政府在深入调查研究的基础上，于 2016 年 4 月 19 日制定出台了《关于全面深入推进"四跟四走"精准扶贫工作的意见》，把过去"四跟四走"精准扶贫的成功做法以文件的形式固化下来，以"四跟四走"精准扶贫为支点，逐步推进农业生产方式、农民生活方式和农村社会治理体制机制、方式、方法的改革创新，确保全市到 2016 年年底 18.81 万贫困人口脱贫，2019 年整体脱贫摘帽，2020 年全面建成小康社会。

"四跟四走"精准扶贫，是一个相互联系的有机统一体，其核心是把精准扶贫与产业发展相结合、政府与市场相结合，建立利益联结机制，走出一条有别于传统扶贫模式的新路子。"四跟四走"精准扶贫，不仅仅是产业扶贫的新模式，不仅仅是为了脱贫而脱贫，更为重要的是"四跟四走"着眼解决"三农"问题，巩固基层政权，综合施策、系统治理，环环相扣、步步深入，在精准扶贫中推进农村社会管理体系、综合治理能力的现代化建设，形成了一个系统完整、不可分割的深化农村改革新模式。

"四跟四走"精准扶贫新方式，涉及到基层党组织和基层政权建设、农业生产方式的转变与创新，经营体系的创新与重建、新型城镇化建设的创新与发展、农村社会管理能力与综合治理体制的提升与创新等重大课题，具有社会管理学、政治经济学的深刻理论内涵，是贯彻五大发展理念，落实"五位一体"总体布局和"四个全面"战略布局的具体行动，为全面建成小康社会提供了一个可以复制、可以推广的农村社会发展新模式。它崭新的社会意义是在生态文明时代，带来了中国农村全面深化改革的新的历史发展。

第二节　资金跟着贫困人口走

一、资金跟着贫困人口走，首要是精准识贫，明确"贫困人口是谁"

在我国，贫困户是指按照国家和本省有关规定识别、确定的贫困家庭。贫困户的认定有一套严格的程序，首先由农户申请，其中提出申请有困难的孤寡老人、残疾人、孤儿等由村民小组推荐，然后经村民代表大会推荐的评议小组组织评议，公示评议结果，再由乡镇人民政府、街道办事处审核，公示审核结果，报县级人民政府审定。县级人民政府将审定的结果在贫困户所在村和村民小组予以公告，并逐级上报省人民政府扶贫开发工作机构备案。

不同国家、不同时期或一个国家的不同地区、不同城市，经济发展水平不同，贫困的标准也不同。中国的贫困线标准调整了几次：1986 年，国家统计局作了一项关于中国农村贫困标准的研究，确定农村人口最低生活标准为年人均 200 元；1990 年这一标准相当于 300 元；1995 年把通货膨胀、物价上涨的因素考虑在内，这个标准被调整为 530 元；在 2000 年 "八七" 攻坚计划完成时，贫困标准已经调整为 625 元；2005 年调整为 683 元。这一标准是农村绝对贫困户的标准，而不是相对贫困标准。

绝对贫困是指个人或家庭缺乏起码的资源以维持最低的生活需求，甚至难以生存。在衡量绝对贫困标准时，一般只考虑为了维持身体健康而绝对必须购买的物品，并且，所购买的物品应当是最简单、最经济的。

相对贫困是指个人或家庭所拥有的资源，虽然可以满足基本的生活需要，但是不足以使其达到一个社会的平均生活水平，通常只能维持远远低于平均生活水平的状况。2005 年，我国的农村相对贫困标准是 684—944 元。

我国的贫困线即通常说的扶贫标准，是在 2011 年以 2010 年不变价确定的，即农村居民年人均纯收入 2300 元。国家统计局《2014 年国民经济和社会发展统计公报》指出："按照年人均收入 2300 元（2010 年不变价）的农村扶贫标准计算，2014 年农村贫困人口为 7017 万人。"中国目前贫困线以 2011 年 2300 元不变价为基准，并以此为基准进行不定期调整。

贫困户是以户为单位，一个户口本为一个家庭户，家庭成员为户口本在册的所有人员，且家庭成员中有一个以上的劳动力。为国家级贫困户标准的，按县扶贫办的统计口径为年人均可支配收入低于2300元的户，分为两类：一类为扶贫户，有劳动能力的农户，且人均可支配收入在2300元以下1560元以上；另一类为扶贫低保户，就是有劳动能力的，人均可支配收入在1560元以下的低保户。

近年来，怀化市采取严格标准、严格政策、严格程序，按照"一评、二审、三公示"方式，总结出了"一看五评法"（看家庭年人均可支配收入，评住房条件、生产资料、劳动能力、受教育程度、身体状况），核准贫困对象。围绕建档立卡贫困户"两不愁三保障一增长"（不愁吃、不愁穿，义务教育有保障、基本医疗有保障、住房安全有保障，家庭收入稳定增长即年人均纯收入稳定超过国家扶贫标准）为目标，有针对性地制定和落实到村到户帮扶措施。

怀化市还制定了脱贫精准管理工程实施方案，实施贫困户"四个一"（一户一本扶贫手册、一个扶贫计划、一个帮扶责任人、一个扶贫公示牌）和贫困村"六个一"（一村一个驻村工作队、一个扶贫规划、一个扶贫产业基地、一个办公场所、一套台账资料、一个信息管理平台）行动，建设精准扶贫大数据管理平台，建立动态识别、动态管理机制，确保贫困对象有进有出、扶贫目标动态可控。

2015年以来，该市结合开展领导干部"一进二访"（进村入户，访困问需、访贫问计）活动，全面推行"一看五评法"，发动全市党员干部进村入户开展调查，对建档立卡贫困村、贫困户进行全面走访，切实把扶贫对象摸清，把困难家底搞实，把致贫原因核准。2015 年共开展三轮精准识别复核工作，并建立健全动态识别、动态管理机制，确保扶贫对象有进有出，确保扶贫目标动态可控。在"一进二访"活动中，市、县、乡各级干部走访22.4 万贫困户，帮助解决问题 18.3 万余个，活动经验被《湖南日报》、湖南卫视等多家省级媒体推介。

做到资金跟着贫困人口走，还要有效整合资金资源，解决"资金从哪里来"的问题。

针对产业扶贫中存在的"大水漫灌""扶富不扶贫、扶农不扶贫"等现象，怀化市建立健全了以政府为主导的多元投入机制、政策资源多元整合机制、多元治理的扶贫主体联动机制，搭建产业发展、教育培训、易地扶贫搬迁、基础设施建设、生态扶贫五大资金整合平台。发挥财政资金担保、贴息、基金、奖补等杠杆作用，每年撬动 50 亿元以上的社会资本、金融资本投入扶贫产业发展。全面推行"无抵押、无担保、基础利率、全额贴息、风险分担"扶贫小额信贷，实现贫困村金融服务站全覆盖，贫困户评级率 100%、有效授信率 85% 以上。支持并引导社会资本设立投资基金，采取市场化运作方式，吸引企业到贫困地区发展产业，从事公共服务。

2015 年怀化市共整合各类扶贫资金 19.5 亿元，其中中央、省安排的财政专项扶贫资金 5.45 亿元，市财政安排及整合资金5360 万元，确保了 100 个市级贫困村年投入资金平均达 100 万元以上。发挥财政资金撬动金融资本、社会资本的作用，与农发行、农村信用社等 11 家金融机构签订了 300 亿元金融扶贫框架协议。对 26.4 万户贫困户进行了信用评级，2015 年度累计向贫困户投放扶贫小额信用贷款 4.45 亿元。通过聚合民间资本，落实民间资金 6.2 亿元。

二、资金跟着贫困人口走，必须精准使用扶贫资金，保证扶贫资金落到贫困人口手中

资金的有效使用是确保"四跟四走"精准扶贫的重要前提。为防止扶贫资金"一包到底、大包大揽"、产业扶贫资金不搞产业搞建设等问题，怀化市创新理念机制、方式方法，要求各县、市、区按照不低于上年度地方财政收入 5% 的比例设立扶贫专项资金，确保相关涉农资金 40% 以上捆绑用于贫困人口扶贫；财政专项扶贫资金 70% 以上用于扶贫产业发展，其中 70% 以上直接用于建档立卡贫困户，坚持瞄准贫困人口，将扶贫资金一分一毫落到贫困人口头上、落到贫困人口的"口袋"里，确保专项资金用在实处，产生效益，着力解决扶贫资金跟着贫困人口走的问题。

比如，辰溪县龙头庵乡龙头庵村，2015 年将第一批 10 万元到村专项扶贫资金，以及 84 户 350 名贫困群众 37.13 万元重点产业帮扶资金，投入建设 630 亩辣椒、黄瓜、茄子蔬菜基地，并成立龙头庵蔬菜种植农民专业合作社，聘请技术人员，实行规模化生产、集体化经营，打响了"龙头庵蔬菜"这张名片，入社贫困户实现人均增收 2000 余元。经过一年的实践，各类蔬菜亩产净收益达 8000 元，仅此一项便让该村成功摘掉了"贫困帽"，贫困发生率从 2013 年的 23% 下降到 2015 年的 0.5%，打了一场漂亮的"翻身仗"。

第三节 贫困人口跟着致富能手走

这里的致富能手既包括创业能人、技术能人、党支部能人等在创业致富方面有能力、懂市场、善经营的自然人，还包括家庭农场、龙头企业、农业专业合作社等公司法人。

一、大力培育党员致富能手，解决"贫困人口跟着谁走"的问题

致富能手是实施"四跟四走"精准扶贫的助推器。2013 年以来，怀化市通过大力培育党员致富能手，为"四跟四走"精准扶贫储备了一支有致富能力、有带头愿望、有责任担当的具有一定规模的致富能手队伍。一是大力实施致富能手"双培双带"计划。一方面，把致富能手培养成党员。另一方面，把党员培养成致富能手，增强党员带头致富、带领贫困人口致富的能力，把党员致富能手选进村支"两委"班子，每个贫困村培育5—8 名致富能手。二是开展"一人学一技"活动，每名乡村干部学习一门以上实用技术技能，提高技术服务群众的能力。三是开展致富能手认定工作，将乐于帮带、诚实守信的种养大户、家庭农场、专业合作社、农业公司等经济组织纳入扶贫致富能手范畴，把贫困人口满不满意、受不受益作为认定的重要标准，根据其注册资本、净资产、抵押物、诚信记录、经营收益等情况评定等级。出台支持扶持政策，引导鼓励致富能手带动贫困人口发展产业。

覃正跃是中方县袁家镇桂花村人,创办怀化市科皓农业开发有限公司,2016年采取"公司+合作社+基地+农户"的方式,引导贫困户以土地入股的形式流转600余亩土地种植蔬菜,带动全村1000余名群众包括200户建档立卡贫困户发展蔬菜产业。公司实行统一标准、统一管理,产生效益后按纯收入的30%以入股时的比例进行利益分红。同时雇佣贫困户到公司务工。该公司预计年产值300万元,所带动的群众通过土地租金、人工工资和利益分红等方式人均可增收600元,从而实现发展一方产业,脱贫一批贫困户,致富一片群众。

湖南博嘉魔力农业科技有限公司总经理钟果林,2009年5月在"全民创业"的号召下,她毅然决然地返乡创业,成立湖南博嘉魔力农业科技有限公司,采用"公司+合作社(扶贫村)+基地+农户(贫困人口)"的管理模式,实行统一产业规划,统一种苗供应,统一技术培训,统一产品回收、加工、销售,与种植户签订产品回收合同,实行订单农业,形成农户、基地、企业、市场一体化的产业格局。该模式有力地调动了留守老人、留守妇女、残疾人等贫困人口进行大面积种植魔芋的积极性,吸引了在外打工的农民工返乡创业,为广大农民提供了创业、就业和脱贫致富的平台。2013年,合作社社员种植500亩,带动贫困农户150户。2014年,全县种植面积扩大到5000余亩,其中贫困农户种植1000亩,种植户遍及周边3个省十多个县市。2015年,通过示范基地带领、现场培训等多种形式,魔芋产业在该县44个扶贫村整村推进,直接带动贫困户2139户、6541人发展魔芋产业,魔芋种植遍布全县 25 个乡镇，种植面积超过 1 万亩，并辐射带动贵州、广西、江西及湖南浏阳、通道、靖州、中方、新晃、沅陵、隆回、洪江等 20 多个县市种植魔芋。在她的带动下，魔芋专业合作社发展迅速，全县先后成立了十多个魔芋专业合作社，涌现了石守标、林河等魔芋种植大户。同时，她还与 100 多个扶贫村、农民专业合作社、家庭农场、种植大户签订魔芋产品回收合同，解决了农民魔芋销售的后顾之忧。为帮助贫困人员创业，三年来她免费给他们提供种子、技术，甚至自掏腰包 10 万余元为他们买化肥、农药，帮助他们创业，摆脱贫困。

二、健全利益联动机制，确保"贫困人口跟着致富能手走"运行到位

"贫困人口跟着致富能手走"是"四跟四走"精准扶贫的有力保障。近年来，怀化市坚持市场引导、产业引领、依法自愿的原则，找准贫困人口与致富能手的利益联结点，运用市场手段和契约方式，建立利益联结和利益保障机制，确保政策扶持资金保值增值和贫困人口持续受益。

一是推进直接帮扶。采取以奖代扶、贷款贴息等方式，组织引导既有产业发展愿望又有产业发展能力的贫困人口发展特色产业，在生产资料、服务协作、包装加工、订单生产等环节结成利益联结体。

怀化市麻阳苗族自治县石羊哨乡谭公冲村引进湖南益生生物有限公司，组织 68 户贫困农户，投入贫困农户小额信贷资金

105 万元，自主发展半夏种植 268 亩，贫困农户人均实现增收
3000 元。

怀化市芷江侗族自治县大力实施葡萄重点产业项目，对贫困
户种植高山葡萄超过 2 亩、完成棚架安装的贫困户，由专业合作社
和村委会实地核查属实的，按照 1000 元 / 人的标准，通过资金打
卡方式进行扶持。2014 年全县共投入 275.1 万元，帮助 791 户贫
困户、2751 人建设葡萄基地 2050 亩。

二是推进委托帮扶。采取贫困对象个人或集体委托、政府购
买扶贫社会服务的方式，将政府用于贫困人口的产业扶持资金
和贫困户的土地经营权、财产权、资产权等委托给扶贫经济组织经
营，明确贫困人口与扶贫经济组织的责权利关系、项目收益分成
比例，实行统一开发、统一管理、统一经营、统一核算，与贫困人
口结成利益联结体。

怀化市会同县按照"四跟四走"精准扶贫的基本思路，委托宝
田茶业有限公司帮扶 1427 户 4962 名贫困人口建设 2000 亩标准
茶园基地，采取"公司 + 合作社 + 基地 + 贫困户"的方式，积极
探索"土地变资本、农民做股东""平时务工、年底分红"的长效增
收机制，正常受益后，贫困人口人均可增收 2000 元以上。

怀化市芷江侗族自治县大树坳乡对计划种植高山葡萄面积不足
2 亩的贫困户，由专业合作社采取委托帮扶的形式，按照每人 1000
元的标准，将扶持资金拨付到芷丰优质高山葡萄专业合作社，由专
业合作社指导高山葡萄的种植，按照市场价格提供苗木、水泥杆、钢
丝、安装棚架等服务，帮助每户贫困户完成不少于 2 亩的种植面积。

专业合作社与每户贫困户分别进行资金结算，多退少补。2015年共投入重点资金9.9万元，对33户贫困户、99人实施委托帮扶，帮助建设46亩葡萄。

三是推进股份合作。鼓励贫困人口将政策扶持资金、土地、林地和水面等生产资料折价入股，由扶贫经济组织统一管理和生产经营，实现股份到户、利益到户，在入股分红、土地流转、劳务用工等环节结成利益联结体。

怀化市麻阳苗族自治县谭家寨乡创建了"连村联创"扶贫产业园，覆盖贫困村8个、贫困人口581户、2072人，贫困户将1008万元扶贫小额信用贷款入股公司，各村按照贫困户的出资分配股份、享受分红，预计项目建成后贫困群众人均可增收6000元以上。该县兰村乡望远村35户贫困农户以145万扶贫小额信贷资金入股，同望远村村集体、麻阳海田种植专业合作社共同出资开发建设望远村金融扶贫产业示范园，35户贫困户占产业园35%股份，村集体占15%股份，麻阳海田专业合作社占50%股份。产业园由海田专业合作社负责日常管理，35户贫困农户选举3名代表组成监事会，负责日常监督。产业园收益前，按每万元800元保底分红给贷款贫困农户，收益后三方按股分红。

第四节 致富能手带着贫困人口跟着产业项目走

一、产业扶贫是精准扶贫的核心

习近平总书记提出"五个一批"的脱贫方式，其中第一个就是

"发展生产脱贫一批"。大力发展产业,实施产业扶贫,是"四跟四走"精准扶贫的核心内容和有效途径。

产业扶贫是指在贫困地区建立农产品基地,或者是通过订单农业等多种手段带动贫困农民调整结构、增加收入的一种农业产业化形式。主要通过农业产业化经营拉长产业链,促进农产品的转化增值,增加贫困农民收入。产业扶贫旨在组织和引导贫困农民直接或间接地参与农业产业、旅游服务业等特色优势产业开发,借助产业发展平台,提高自我发展和自我积累能力,改善生产生活条件,实现持续稳定增收,达到脱贫致富的目的。

给钱给物不如给项目,授人以渔的产业扶贫可谓"拔穷根"之策。因为这种扶贫方式实现了扶贫由"输血"救济到"造血"自救的根本性转变,是区别于救济式扶贫的重要标志。

为加快产业扶贫步伐,怀化市坚持市场导向,因地制宜,正在抓紧制定从项目审批、收费、融资、用地、用工等方面鼓励扶贫产业发展的具体政策。按照"市场有需求、项目能盈利、贫困群众能受益"和"一村一品、一村一个产业示范基地"的要求,抓好扶贫产业项目可行性研究,科学编制和有效推进贫困村特优产业培育计划、扶贫产业园(示范基地)建设计划、生态文化旅游发展计划,支持鼓励贫困地区加快发展特色种养、农产品深加工、观光农业、乡村旅游、农村电商等优势产业,促进第一、二、三产业融合发展。支持经济组织通过土地经营权有序流转建设标准化、规模化、一体化生产基地,通过直接投资、参股经营、提供技术服务、签订供销合同等方式带动贫困人口发展适度规模经营。

二、优势产业是精准扶贫的关键

主要发展十大优势产业：一是大力发展制种产业。怀化市作为杂交水稻的发源地，在杂交水稻、杂交玉米方面优势明显。全市超级稻种植面积达 151.2 万亩，其中标准化栽培面积 103 万亩，杂交稻制种基地 10.49 万亩。二是大力发展名优茶产业。沅陵、会同、溆浦等都是茶叶重点县，全市规模达 9.37 万亩。溆浦县横板桥乡报木村和大同村为确保实现精准脱贫，两村与湖南雪峰山思源茶业有限公司合作，积极探索"公司＋村集体＋贫困户"精准扶贫新模式，已开发茶叶基地 300 亩，并着手筹建茶叶初级加工生产线。三是大力发展特色水果产业。品牌柑橘、黄桃、高山葡萄、红心猕猴桃、香柚、杨梅等优质特色水果知名度高、市场销路好，在带动贫困人口脱贫方面发挥了重要作用。中方县桐木镇上丰坡村成立上丰核桃农民专业合作社，鼓励贫困户积极加入农业专业合作社，按照"四跟四走"模式，形成统一规划、统一种养植、统一销售的产业链条。目前，合作社拥有成员 56 人、固定资产 340 万元，拥有各种特新优果苗木基地 50 亩，良种繁育黄桃示范基地 100 亩，改良优质杂柑品系母本园 20 亩，2015 年销售收入突破 100 万元，纯利润 20 万元。合作社还带动周边贫困农户 14 户，全面发展黄桃及其他苗木种植，帮助贫困户一举摘掉了贫困帽子。四是大力发展工业原料林产业。近年来，新增 165.9 万亩，补植补造 20.7 万亩，现有面积超过 200 万亩。五是大力发展油茶产业。全市完成油茶基地建设 37.5 万亩，其中新造 17.2 万亩，抚育改造 20.3 万亩。辰溪县龙头庵乡长田村辖 17 个村民小组，总户数 594 户，总人口 2482 人，其中贫困户 145 户 671 人。2015 年，该村将到村的扶贫产业资金重点向油茶产业倾斜，注册成立发喜油茶农民专业合作社，吸纳合作组织成员 345 人，其中贫困户 52 户 196 人，走千家万户抱团发展产业道路，对没有劳动力的贫困户，实行土地入股分红。全村新造油茶林 2000 余亩，抚育低改现有油茶林 6900 亩，部分地段油茶林亩产收益达 3000 元以上，油茶树上结出了"金蛋蛋"。2015 年人均增收 3000 元，实现 137 户 635 人脱贫，一年就摘掉了"穷帽"。六是大力发展生猪养殖。2015 年新增养殖示范小区 78 个，新建、改扩建规模养殖场 651 个。示范小区年存栏 28.1 万头，年出栏 54.88 万头，核心示范区建设养殖场 405 个，全市年出栏生猪 383.95 万头，存栏 282.88 万头。七是大力发展肉牛产业。2015 年存栏 32.5 万头，其中能繁母牛 7.1 万头，共出栏优质肉牛 13.14 万头。重点县主要有新晃、通道县。八是大力发展烟叶产业。全市新建烟叶基地 8.35 万亩，收购 31.6 万担，其中烤烟 6.75 万亩，收购 28 万担，晒红烟 1.6 万亩，收购 3.6 万担。九是大力发展中药材产业。近年来，全市新增基地 30 万亩，现有面积 40.2 万亩。洪江市塘湾镇中山村共有 220 户 758 人，其中贫困户 117 户 366 人。该村成立了塘湾中药材种植专业合作社，以中药材种植、农产品销售、加工、运输为主要业务。近年来，合作社建设 30 亩以上面积中药材项目 4 个（三七 70 亩、七叶一枝花 70 亩、玉竹 60 亩、天麻 40 亩），种植面积 240 亩，带动贫困户及村民零散种植面积 260 余亩，帮助贫困人口人均增收 2000 元以上。十是大力发展蔬菜产业。近年来，全市新增基地 1.4 万亩，现有基地面积 7.4 万亩，蔬菜播种面积达 127 万亩。通道县充分利用区位和生态优势，大力发展休闲绿色农业，规划建设了万佛山生态农业科技园，建成工业原料林、绿色蔬菜等十大农业产业基地 38 万亩，分别在临口、溪口、江口、马龙、陇城、坪阳等乡镇建成了远销省外的蔬菜瓜果大棚基地，种植香菇、紫长茄、辣椒、钩藤等十余个品种，形成绿色蔬菜、中药材、生态水果、特色养殖、土特山货五大特色农业生产板块，成功创建全省生态农业示范县。据悉，通道的源田生公司是怀化市目前唯一的出口蔬菜基地，也是怀化最大生态有机蔬菜出口基地，每天约有 5 吨无公害蔬菜源源不断地销往香港和澳门市场。

当前，怀化市扶贫产业不断发展壮大，"一村一品"如星星之火呈燎原之势，逐步形成了沅陵县的茶叶、中方县的刺葡萄、靖州县的杨梅、溆浦县的黑木耳等 13 大扶贫重点产业。每个扶贫重点产业项目帮扶贫困人口 1000 人以上，人均增收 1000 元以上。

第五节　产业项目跟着市场走

一、精准扶贫以市场为导向，把消费主权交给市场

产业扶贫最基本的动力是要坚持以市场为导向，对接市场，服务市场，在市场中盈利。由消费者来主导市场，把消费主权交给消费者、交给生产者。

过去，一些地方在产业扶贫方面往往忽视消费者主权，忽略市场在资源配置的决定性作用，常常以行政命令代替市场机制，而不是遵循市场规律和价值规律。结果鼓励种养的特色农产品因产销不对路而滞销，不仅没有帮助贫困户脱贫致富，反而使其雪上加霜，进一步陷入贫困的境地。为吸取这一教训，怀化市在"四跟四走"精准扶贫中，明确要求各县市区产业发展一定要坚持以市场为导向，以消费来引导市场，按市场规律办事，把消费者主权交给生产者和消费者，以消费者的需求来确定市场的供给，以最大的努力来降低贫困户的市场风险。

积极探索通过新型农业经营主体把贫困户和市场连接起来，采取与贫困户签订保底价收购、上浮价结算等方式来破解"生产容易销售难、增产容易增收难"等问题，保证让贫困户获得稳定可靠的收益。

溆浦"福香"牌柑橘农民专业合作社在卢峰镇、祖市殿镇及水东镇等地建立无公害绿色柑橘生产基地1580亩的基础上，辐射带动周边农户发展优质柑橘1.2万亩。合作社与全县23个有柑橘产业的乡镇200多个村签订柑橘收购合同，订单面积达22000亩。并在订单范围内为橘农提供实物贷款，帮助困难家庭提供产中服务。对入社橘农产品实行保护价收购，年均收购柑橘近2000万公斤，带动产业创收近1000万元。如卢峰镇高田村自加入合作社后，320亩橘园年均创收60万元以上。合作社以市场需求为导向，在哈尔滨、沈阳及浙江嘉兴等城市设立8个固定销售窗口100个营销网点，建有专门的柑橘加工、储藏仓库，建立了健全完善的营销网络，对产品进行统一销售，改变了橘农"单打独斗"的窘迫境遇，既保证产品销路无忧，又提升了品牌知名度，"福香"现已成为溆浦柑橘产业的一面旗帜，年均销售柑橘1.6万多吨，销售收入达6000万元。

二、消费市场引领，致富能手带领，贫困群众积极跟进，提高贫困群众进入市场的组织化程度，增强抵御市场风险的能力

麻阳蓝凤凰农业发展有限公司是一家以养殖、种植、农产品销售休闲旅游为主要产业的企业，公司现有2栋全自动蛋鸡养殖厂房，存栏蛋鸡10万羽，日产蛋近10万枚，目前公司的蛋鸡养殖规模、栏舍的标准化水平及养殖技术都处于湖南省的领先地位。2015年，兰村乡大坳村和泥溪垅村23户贫困农户，投入小额信贷资金75万元购买5000羽鸡苗，委托给蓝凤凰农业发展有限公司发展蛋鸡养殖产业项目，占委托蛋鸡项目65%的利润分红股，公司以生产技术、经营管理和厂房设备租金占委托蛋鸡项目35%的利润分红股。2015年公司实现销售额2500万元，利润600多万元。

建立健全农产品市场营销体系，加强农产品流通设施建设，推进农超对接、农社对接、农企对接，拓宽农产品销售渠道，鼓励贫困人口就地城镇化、就地就近就业。

制定贫困人口参与扶贫产业发展利益联结协议审核监管制度，确保贫困人口合法利益得到有效维护和保障。建立政府、企业、社会和个人参与的风险监控机制和平台，科学、有效地防范和化解扶贫产业发展风险。

生态养鸡作为洪江市重点产业项目，依托旺隆牧业有限公司，采取"公司＋合作社＋基地＋养殖户"的模式，帮助贫困村和贫困户创业增收。在洪江市境内 23 个乡镇带动 1000 余人参与"镡城"牌土鸡养殖，年养鸡 200 万羽，年出栏 150 万羽。为帮助贫困户拓展销路，公司在黔城、鹤城、中方、会同、靖州等地建立了 10 个直销门店，在长沙、永州、吉首、张家界、娄底、龙山、四川、广州等地建立了 18 个销售网点，其产品深受广大消费者欢迎。2014 年养殖规模 150 万羽，年销售收入 6000 万元，实现利润 300 万元。

靖州苗族侗族自治县金茶油科技开发有限责任公司利用扶贫贷款资金撬动有劳动力的贫困户，发展本地特色油茶产业项目。2014 年在当地发展山核桃基地 3000 多亩，油茶基地 1000 多亩，联系土地流转农民 1000 多户，企业帮助政府实施攻坚工程，直接帮扶贫困人口 4000 多人。该县甘棠镇和太阳坪乡山地较多的 10 个贫困村建设 10 个油茶林扶贫基地，每个贫困村油茶林基地规划 2000 亩，人均 20 亩，并大力发展林下经济，贫困户人均收益在 2.2 万元以上。

三、以深化改革农村金融服务体系为渠道，支持金融机构面向扶贫产业开展业务

为进一步健全贫困地区金融基础设施，完善扶贫开发金融服务组织体系，延伸金融精准扶贫"1+N"工作机制，怀化市出台了《怀化市贫困村金融扶贫服务站建设实施方案》，拟在全市 1237

个贫困村建立金融扶贫服务站,解决贫困村金融服务缺位、贫困户融资难的现实问题,实现贫困村基础金融服务改善、村民金融素养提升、金融生态环境优化的目标。2015年12月,在溆浦县黄茅园镇树凉村成立了全省第一家村级金融扶贫服务站,把"金融便利店"开到贫困群众的家门口,让贫困群众在家门口就能"一站式"办好手续,拿到贷款,老百姓反映特别好。

四、以贫困乡村为基地,以旅游开发为手段,以互利互惠为模式,以带动贫困人口共同富裕为目标,利用市场的手段,引进旅游开发公司,共同开发,与贫困户共同受益,有效地将生态优势转化为脱贫的财富

湖南雪峰山生态文化旅游有限责任公司累计投入近2亿元,成功创建3A级景区2个,受益群众近10万人,其中直接安排就业400余人(贫困人口87人),发放工资270万元;辐射带动群众18万余人,实现增收3600万元。该公司降低门槛,敞开大门,吸纳景区及景区周边群众包括贫困户以多种方式、多种资源入股企业,参与管理,享受红利,确保景区贫困户长期受益、持续得利。一方面,变闲置资源为可用资产。景区群众以山林、田地、房屋、宅基地等资源资产折价入股,成为公司股东,参与公司分红,长远受益,持久脱贫。目前,景区范围内统溪河镇、葛竹坪镇等5个乡镇已有675户以相应资源入股成为股东,待景区正式营运后预计每户年均分红2万余元。另一方面,变分散资金为规模资产。为进一步统筹做好贫困户资产入股工作,该公司根据相关法律法规,筹备成立雪峰山贫困农民脱贫股权托管中心,在现有政策的支持下,由贫困户依照法定程序从银行贷出扶贫贷款后,交由托管中心统一经营,公司负责还贷并按月付给红利,此举将有效解决贫困户借贷后无投资门路、无投资项目的窘境,真正让贫困户既无后顾之忧,又有稳定收益。

第二章
创新体制和方式

——湖南省怀化市精准扶贫的实践方式

"四跟四走"精准扶贫作为一项系统工程，不能单兵突进，必须运用系统思维、辩证思维，从农村生产方式、农民生活方式到农村治理体制机制、方式、方法等方面进行一系列深刻的配套变革。着力强化党组织的领导核心作用、政府的扶助引导作用、市场的决定性作用和社会的参与作用，积极培育集约化、专业化、组织化、社会化相结合的新型农业经营体系，坚持完善"党委领导、政府主导、社会协同、公众参与、法治保障"的农村社会治理体系，促进农业基础稳固，农村和谐稳定，农民安居乐业。只有这样，"四跟四走"精准扶贫才能稳步推进，精准脱贫的目标才会如期实现。

第一节　完善制度，简政放权

——"四跟四走"精准扶贫的必由之路

一、简政放权，转变职能，精准扶贫，效益倍增

在 2016 年全国两会上，李克强总理在其政府工作报告中饱含深情地说到："推动简政放权、放管结合、优化服务改革向纵深发展。以敬民之心，行简政之道，切实转变政府职能、提高效能。"

改革开放以来,我国先后进行了 6 次以推进简政放权为主要目的的政府机构改革,改革不断深入且取得了明显成效。通过改革,政府职能转变稳步推进,中央与地方政府关系进一步协调,政府与企业、市场、社会的关系进一步理顺。但也存在不少问题和不足,主要表现为政府机构设置不尽合理,职责交叉重复,行政执法体制中的多层执法、多头执法现象严重;行政审批程序繁琐,政出多门,基层群众办事难、办事贵、办事烦的问题仍然存在,政府职能转变仍未到位;政府与企业、市场的关系有待进一步协调;民主科学高效的行政管理体制仍未完全确立。这些问题的存在,不仅影响到了社会主义市场经济体制的进一步完善,还影响到了社会基层的治理与社会稳定。干部庸、懒、散、慢等不良作风现象不同程度存在,基层党员干部抓扶贫促发展的动力不足,积极性不高,严重影响到了精准扶贫、精准脱贫的顺利推进。

2014 年,在怀化市党的群众路线教育实践活动专题调研中,有些老百姓反映,现在的乡镇政府在办事方便方面还不如过去的人民公社,人民公社时,老百姓在家门口就可以办成事。而现在却办不了事。原因是什么?因为与老百姓息息相关的管理职能大多收回到了县级政府相关部门。老百姓办一件事经常要跑到县城去办。而且老百姓也不知道什么局干什么事,要跑这个局跑那个局,走了很多冤枉路,办事成本很高。"四跟四走"精准扶贫由于制度的缺陷,存在着"最后一公里",犹如"咫尺天涯","盈盈一水间,脉脉不得语。"

怀化市委书记彭国甫深入调查后认为,"打通服务群众'最后一公里',不能只就作风建设抓作风建设,必须把作风建设与体制机制创新结合起来,改革条块分割的管理体制,构建权责一致、条块协调、运作顺畅的管理体系,使乡镇摆脱'天大的责任、碗大的权力'的尴尬境地,才能真正解决老百姓办事难、办事贵、办事烦问题,打通服务群众的'最后一公里'。"

为此,怀化市委、市政府在深入调查研究的基础上,在靖州苗族侗族自治县太阳坪乡抓改革试点,推行向乡镇简政放权,强化便民服务,把分散在县政府有关部门、与老百姓息息相关的计生服务、司法信访、财政惠农扶贫等8大类37项职能全部下放或委托给乡镇政府。乡镇政府将这些职能全部归口到乡镇便民服务中心,让老百姓再也不用到县城去办事,到乡镇便民服务中心的大厅就可以"一站式"把事办成。但怀化属于典型的山区,有的村与乡镇政府相距五六十公里,还有一部分老百姓在家门口办不了事。为了解决这个问题,怀化市在村一级全部设立便民服务点,与乡镇便民服务中心连接起来,构建了以乡镇便民服务中心为龙头、村级代办点为基础的农村便民服务网络。老百姓需要办的事交到村部的便民服务点,由村干部赶集日带到乡镇便民服务中心来办理。这样一来,打破了"条块分割",拆掉了"部门篱笆",使办事手续由繁变简,办事形式由暗变明,办事速度由慢变快,办事效率由低变高,让村民办事"小事不出村、大事不出乡",赢得了群众的纷纷点赞。靖州苗族侗族自治县太阳坪乡新建村村民李应安激动地说:"前两年我申请大病救助,从乡里到县城来回跑了好几趟,光车费、住宿费就花了400多元,现在一个小时就办好了，省钱省时又省心。"

试点成功后，怀化市委、市政府组织各县市区学习靖州改革试点经验，各县市区主要负责人一致认为这项改革抓住了基层工作的"痛点"，解决了群众工作的"难点"，具有很强的针对性、可操作性。可谓是简政放权，转变职能，精准扶贫，效益倍增。

2014年10月，怀化市委、市政府乘势而上，决定将试点的做法和经验全部项目化、工程化、技术化，制定出台了《关于进一步简政放权强化乡镇便民服务功能的五项规定》，在全市13个县市区、286个乡镇全面复制和推广，2015年把下放的职能又增加到了51项，实现了应放尽放。目前，全市乡镇便民服务中心共为群众办理各类事项43.15万件次，其中直接办结29.94万件次、委托代办13.21万件次，平均办结率在96.5%以上，办理时间最短的即办即结，最长的5个工作日，群众满意率97.2%。

二、干部乡镇安居乐业，群众脱贫才有希望

怀化市委深入贯彻落实党中央、国务院和湖南省委、省政府关于基层党建的主体责任，以建设"美丽乡村·幸福家园"为目标，按照"硬件升级、软件变硬、保障有力、群众满意"的要求，切实加强基层党建。在硬件建设方面，千方百计地改善乡镇机关工作生活条件，让乡镇干部安心基层、扎根基层。2015年6月，怀化市委书记彭国甫到中方县袁家乡检查指导工作时发现，一些女干部到了下午5点钟以后就不喝水了，原因是晚上没地方上厕所；一些男干部躲在政府办公楼角落里洗澡，因为他们没地方住、没地

方洗澡。像这样类似的情况在全市还不少。由于历史欠账的原因，怀化市乡镇政府机关硬件建设比较落后，基层运转保障乏力，基层干部条件艰苦、工作辛苦、感情孤苦。如果乡镇干部在乡镇没地方住、没地方睡、没地方洗澡、没地方吃饭，怎么能够安下心来扎根基层、服务群众、精准扶贫呢？针对这一情况，怀化市委召开常委会进行专题研究，市委副书记、市长赵应云说："我们怀化虽然经济欠发达、财政欠发达，但我们对基层干部的关爱不能'欠发达'。我们应横下一条心，咬紧牙关，攻下这个堡垒，为乡镇干部创造良好的工作生活条件。"常委会全体同志认为，就是砸锅卖铁，也要把这个问题解决好，不解决干部在乡镇的安居乐业问题，群众精准脱贫就没有希望。只有把乡镇干部的后顾之忧解决好了，才会有更多的人真心帮老百姓办扶贫实事，主动地为人民排忧解难、急人所急。

怀化属于欠发达地区，财政相对困难。但就是在这样的情况下，硬是咬紧牙关加大投入，党建经费总投入由2014年的1.71亿元增加到2015年的6.73亿元，增长293.6%。专门出台了《关于全面推进乡镇机关"六小一中心"建设的通知》，全力建好乡镇"六小一中心"（小套房、小食堂、小浴室、小图书馆、小厕所、小运动场和便民服务中心）。《通知》明确规定，这项工程由市委书记彭国甫任组长，市委常委、组织部长江波任第一副组长，各县市区委分别由书记和组织部长担任组长和第一副组长，严格落实和追究主体责任。2015年投入4.88亿元新建小套房8871套，让每一个乡干部有一套35平方米的生活设施基本齐全的公租房，解决了 12000 多名乡镇干部住宿难、吃饭难、入厕难、洗澡难等实际问题；先后投入 5032.5 万元建设 286 个乡镇便民服务中心、总面积32738.7 平方米，设立 3865 个村级便民服务点。投入 2200 万元实施其他"五小"项目 742 个，投入 1.19 亿元新建便民服务中心196 个。进一步加大了乡镇运转保障力度，将乡镇干部人均办公经费由 2014 年的 1 万元增加到 2015 年的 1.7 万元，并根据乡镇偏远情况每人每月发放 100—700 元不等的"安心基层奖"。2015年，中心城区社区运转经费提高到 21 万元，县城社区提高到 16万元，乡镇社区提高到 8 万元，2016 年分别增加到 22 万元以上、17 万元以上、9 万元以上；按照中心城区社区 11 万元、县城社区 6万元的标准建立了惠民项目资金，2016 年分别提高到 12 万元、7万元。

三、严格要求，强化激励，人尽其才，群众满意

在改善乡镇机关工作生活条件的同时，怀化市委对乡镇干部严格要求、严格管理、深切关怀，制定出台了《关于加强乡镇干部监督管理和激励关怀的八项规定》，努力建设一支立足本职、服务群众、勤奋敬业、开拓进取、勇于担当、务实创新的高素质乡镇干部队伍。

一是深入开展"宣战庸懒散、提振精气神"作风大整治，出台了《怀化市领导干部和机关工作人员"庸懒散"行为问责办法》，定期不定期开展明察暗访，发现一个依纪依规处理一个。2014 年以来，共查处"庸懒散"问题 1029 个，处理 1436 人。

二是强力整治乡镇干部"走读"问题，出台了严禁干部"走读"的三项规定，推进"54321"工作法(严格落实"5"个工作日，在乡镇住"4"个晚上，每晚住乡镇的干部不少于"3"分之一，双休日、节假日值班人员中党政班子成员不少于"2"人，逢乡镇赶集、抗旱抢险救灾等特殊时期，确保七站八所至少有"1"名工作人员在岗)，促进干部集中更多精力联系服务群众。2014年以来，共查处乡镇干部"走读"问题110个，处理110人。

三是深入开展乡镇干部"三联七到户"活动，即干部联村、联组、联户，做到民生政策宣传到户、经济信息送达到户、生产发展指导到户、计生工作服务到户、贫困对象帮扶到户、问题处理反馈到户、安全稳定落实到户，不断改进基层党组织党员干部作风。2015年以来，1.2万乡镇干部共走访群众64.3万户，收集各类民情民意80余万条。

四是畅通乡镇干部"上行"通道，着力解决基层干部成长"天花板"瓶颈。注重选拔优秀乡镇党委书记到市直部门担任领导职务或科室负责人；县市区党政领导班子成员出现空缺时，优先考虑具有乡镇党政正职经历的干部。选拔乡镇党政正职时，一般要有2年以上乡镇领导工作经历或者3年以上乡镇工作经历。乡镇领导班子中，具有2年以上乡镇工作经历的人员应不少于2/3。县级机关提拔副科级以上领导干部，优先考虑具有乡镇工作经历的干部。2014年以来，共有77名乡镇副职被提拔为乡镇党政正职，提拔重用有乡镇党委书记任职经历的处级干部7名。

乡镇一级是国家的基本行政管理单元。长期以来，由于县级政府的工作部门包揽了大部分与民生相关的权力，乡镇党委政府的执政平台和管理服务手段十分弱化。长此以往，乡镇党委政府就会逐步虚化，群众对基层政府的信任度、依赖度就会逐步降低，党在农村的执政基础就会逐步削弱。怀化市委、市政府采取的这一系列强有力措施，真正把乡镇做实、做强、做活了，不仅增强了乡镇党委政府在农村公共事务治理中的领导权、话语权，而且极大地调动了广大乡镇干部服务群众，推进"四跟四走"精准扶贫的积极性、主动性和创造性，又让老百姓切切实实感受到了党和政府给人民群众带来的实惠和红利，农村社会随之发生了显著的本质性变革，人民群众的满意度也大幅度提升。在 2015 年全省14 个市、州委书记履行基层党建工作责任述职评议中，怀化市基层党建民意调查排名全省第一，综合排名全省第二；2015 年 8 月，全省农村基层党建工作座谈会在怀化召开；在近 3 年全省市、州领导班子年度考核中，怀化市委班子被评价为好的比例由 2013年的 83.8% 提高到 2015 年的 96.4%。

四、权力下移、干部下乡，精准扶贫、群众实惠

为了打通精准扶贫的制度瓶颈，更好地发挥乡镇贴近群众、就近管理的优势和作用，怀化市大胆组织试点探索，按照事权合理、权责统一、重心下移、提高效能、有利发展的原则，把分散在县直部门的民政、计生、医保、社保、农技等 51 项涉及民生的公共服务事项和行政审批权依法下放或委托下放到乡镇，与之相关的人员、经费也相应下移到乡镇，增强乡镇政府经济社会事务治理功

能，着力把乡镇政府做实、做强、做活。各乡镇按规范要求建立面积 100 平方米左右的便民服务中心，将下放的职权集中到便民服务中心，开设司法信访、计生服务、民政民宗、劳保医保等五大服务窗口，实行集中式办公、"一条龙"服务、"一站式"服务办结的运行机制，为群众提供快捷、优质、高效的一站式服务。

为方便群众办事，在乡镇统一建立办事流程公示墙，将医保、民政、计生等多项业务流程进行梳理、简化后在便民服务大厅上墙公示，使村民对所办事项的流程及需要的证件一目了然，彻底改变了过去办一件事往返好几趟的情况。同时，制定出台了《便民服务中心管理制度》《首问责任制度》《一次告知制度》《服务承诺制度》《承代办服务制度》《限时办结制度》等一系列制度，切实做到以制度管人，按制度办事。截至目前，全市乡镇便民服务中心共为群众办理各类事项 43.15 万件次，其中直接办结 29.94 万件次、委托代办 13.21 万件次，平均办结率保持在 96.5% 以上，办理时间最短的即办即结，最长的 5 个工作日，群众满意率达到 97.2%。

为配合简政放权，怀化市坚持重心下移，强基固本，进一步理顺县市区与乡镇体制机制，充分发挥乡镇的职能作用，在全市范围内推进乡镇区划调整改革，撤并了乡镇 93 个。同时，按照精简、统一、效能的原则，科学设置乡镇内设机构，规范乡镇派驻机构，明确全市乡镇统一设置党政综合办公室、经济社会发展办公室、卫生和计划生育办公室、社会管理综合治理办公室 4 个党政机构，最多可设置 6 个事业站所，其中社会保障服务中心、农业综合服务中心、规划建设环保服务中心3个为全市统一设置，设置人民法庭、公安派出所、司法所、国土所、市场监管所5个派出机构。

这一系列保障措施的推进，极大地调动了广大干部为群众服务、推进精准扶贫的积极性、主动性和创造性，使农民群众过去要到县城才能办的事，现在能做到"小事不出村、大事不出乡"，让人民群众切切实实感受到了党和政府给人民群众带来的实惠和红利，增强了党和政府的血肉联系。

怀化市把县一级政府与民生相关的管理和服务权利下移到乡镇政府之后，乡镇政府变实、变强、变活了，成为党和政府联系人民群众的第一对接人和直接责任人，农村社会随之发生了显著的本质性变革，人民群众的满意度大幅度提升。

第二节　转变生产方式
——"四跟四走"精准扶贫的创新载体和平台

改革开放以来，我国农村从实行家庭联产承包责任制入手将集体劳动、平均分配的"大锅饭"式生产方式改为一家一户独立劳动、自主经营的生产方式。这种一家一户的生产方式适应了农村经济承包责任制的需求。但是，随着农业科学技术的发展，随着市场经济的深入发展，随着社会信息化、经济一体化的发展，这种以家庭为主体的生产方式，无法实现规模经营、形成规模效应，无法作为一个经济实体与其他市场经济的实体相衔接，更不要说去相抗衡，也无法接轨国际市场。同时也难以适应农村经济发展的需求，甚至在一定程度上束缚了农村市场经济的更进一步发展。

"四跟四走"关键是要产业项目"跟着市场走"，让市场充分发挥决定性作用。特别是在信息化社会、生态文明时代的大背景下，更需要对现有的生产方式予以变革，形成新的生产关系，为"四跟四走"精准扶贫参与市场竞争和资源分配搭建不可缺失的平台和载体。

近年来，怀化市坚持以市场为导向，着力推进农村生产方式和生产关系的变革和调整。重点是推进农村宅基地、承包地、集体建设用地确权登记颁证，推进农村集体"三资"等集体产权制度改革，探索建立农村产权交易平台，加快推进农村资源和农民资产市场化、资本化，着力形成健康的、稳定的农村市场体系。

在这一基础上，积极探索新集体经济实现形式，着重推进"五大"生产新方式。

一、推进小额信贷的生产新方式

金融是经济的命脉，也是脱贫攻坚的活水源泉。经济是一种有关信用的游戏。虽然人们通常认为商业交往和贸易活动是靠黄金或者白银来维持的，但是，在现实生活中，它却总是以一种更为重要的资源——公众的信用为依托来运作的。这就意味着，当公众的信用足够时，经济就会繁荣，未来就有保障；反之，经济就会衰退，前景就会黯淡。

近年来,怀化市着力打破体制机制瓶颈,大力推进小额信贷模式,让金融这一池活水更好地浇灌贫困群众。小额信贷模式,就是一家一户按照信用等级,实行"无抵押、无担保、基准利率、补贴利息、风险分担"的小额贷款。然后将贷款集中使用,或投资、或开发,所得收入按照投入比例分配给个人。

一是降低贷款门槛,解决贫困户"贷不到、不愿贷"的问题。

2013 年,怀化市率先在麻阳苗族自治县开展"一授、二免、三优惠、一防控"扶贫小额信贷试点。改革传统的评级授信模式,为贫困户量身定做评级授信系统,根据贫困户的诚信度、劳动力、家庭收入 3 项指标进行量化评级,让获得评级授信的贫困农户可以免抵押、免担保,直接凭《信用等级证》和身份证在农商行办理1—5 万元的小额信贷;对贫困户实行贷款利率优惠、期限优惠、全额贴息优惠,根据产业发展周期灵活确定贷款周期。这样一来,贫困户贷款的门槛降低了,手续简便了,费用减少了,让 85% 以上的贫困农户都能贷到款。2015 年,该县共发放扶贫小额信贷1 亿余元,1.2 万余名农民通过金融产业扶贫实现稳定脱贫。该县兰村乡的贫困户夏小伟开心地说:"我花了个把小时就办好了1 万元贷款,通过参股扶贫企业蓝凤凰农业发展公司,每年股份分红、到公司打工收入 4 万多元,现在孩子读书的学费有保障了,过几年还可以盖个新房呢!"2015 年,全市对 26.4 万户贫困户进行了信用评级,占建档立卡贫困户的 99.38%,其中有效授信率达88.38%,全市全年投放扶贫小额信贷 4.45 亿元。

二是建立银政企风险分担机制,解决银行"不敢贷、不肯贷"

的问题。

2015 年，怀化市在 13 个县市区全面复制推广麻阳扶贫小额信贷经验，出台《怀化市信贷支持精准扶贫工作实施方案》《金融产业扶贫风险补偿资金管理办法》，每个县市区政府都设立了 300 万元以上的扶贫小额信贷风险补偿金，专户专项用于防范化解信贷风险；把金融扶贫纳入县乡干部绩效考核的重要内容，把扶贫信贷投放量、贷款收回率与干部的位子、面子、票子全面深度挂钩，严格科学奖惩。这样，不仅防范了金融风险，也增强了金融机构放贷的信心，又调动了县乡干部的积极性、主动性。2015 年，全市共与 11 家金融机构签订了 300 亿元金融扶贫框架协议。

三是发挥村党支部的核心作用，真正打通金融扶贫的"最后一步路"。

把贫困户评级授信的评审权交给村级党支部，由村里推选出"五老"（老党员、老干部、老模范、老军人、老农民），与乡镇干部、村干部、农村信用社基层负责人等组成评级授信小组，以投票的方式量化打分，按照"三公示"（"五老"人选公示、评级结果公示、授信结果公示）、"两审核"（乡镇金融服务中心审核、农村信用社审核）的程序公示结果，接受群众监督，让群众认账。同时，建立了县金融扶贫服务中心、乡金融扶贫服务中心、村金融扶贫服务站三级网络，把金融扶贫的服务手臂延伸到村民的家门口。2016 年 3 月，溆浦县黄茅园镇树凉村的贫困户唐立中、唐明军兄弟激动地说："多亏村里成立了金融扶贫服务站，让我们及时贷了 5 万元，要不然今年扩建养鸡场的计划又会'泡汤'。"汪洋副总理对怀化市建设金融扶贫服务站的做法给予肯定,作出了"把村级组织用起来,是个好办法,互利双赢"的批示。

二、推进股份制合作的生产新方式

贫困农户将到户财政扶贫资金、小额信贷资金或山地、林地入股到农业公司或专业合作社进行产业开发,公司和合作社统一管理,入股农户享受股份分红,产权属多方共有。这是一种以"公司+基地+贫困户""公司+合作社+贫困户"为基本组织形态、以提高贫困人口发展产业的组织化程度为目的的集体经济生产新模式。采取这种新生产方式,有利于提高贫困户的组织化水平,降低单干的市场门槛和风险,让贫困户从产业发展中获得更多收益。

近年来,怀化市引进农业龙头公司发展水果、茶叶、油茶、蜂蜜等特色产业,将农民土地流转到公司成为产业基地。农民在公司或入股,或打工。同时农户将扶贫资金集中到特色产业基地并转为股份,原有的土地流转到企业,收取固定回报,让贫困户共享产业发展成果。

2015年7月,怀化市麻阳苗族自治县江口墟镇田家湾村组建成黑木耳种植专业合作社,引进麻阳农博生物科技有限公司,实行"公司+合作社+贫困户"的生产经营模式,建成60亩黑木耳种植产业园基地。产业园总投资为180万元,其中150万元为该村30户贫困农户的小额信贷贷款入股,扶贫办给予贷款三年全额贴息奖励，并帮助解决产业园大棚、灌溉等配套设施所需资金。村里入股贫困农户占产业园利润的 60% 分红，合作社占 40% 分红。2016 年 5 月，黑木耳采收完后，亩产达 1200 斤，总产值达 250 余万元，实现纯利润 72 万元，入股农户通过劳务收入和股份分红实现户均增收 1.7 万元。贫困户罗胜长 2015 年将 5 万元小额信贷贷款入股村里合作社。他说："我平时在基地做工，一天务工费 100 元，一年光工钱就赚了 8000 多元，还不算年底分红呢，以前一年到头种水稻、柑橘，能赚到 5000 元就差不多了。"县扶贫办主任向杰说，委托发展模式和股份合作模式关键要依靠龙头企业。因为龙头企业大都有成熟的项目，雄厚的资金，先进的技术。如果没有龙头企业带动，零零散散、小打小闹是搞不起来的。扶贫项目都要有龙头企业牵头来带动。为此，县里出台了《扶贫经济组织管理办法》，鼓励龙头企业与贫困人员建立紧密的扶贫机制。"我们主要是把好关，选择有意愿合作的、有社会责任的、讲诚信和有实力的扶贫经济组织进行合作，将贫困户风险降到最低。"县扶贫办项目股股长滕树和说。

会同县将国家给予的扶持资金直接委托给扶贫经济组织或公司，项目收益按比例分成，委托宝田茶业有限公司帮扶 1427 户 4962 名贫困人口建设 2000 亩标准茶园基地，正常受益后，贫困人口年人均可增收 2000 元以上。

三、推进新型微型城镇化的生产新方式

城市是生产力发展、社会分工细化和生产关系变革的结果，

是社会经济发展到一定历史阶段的必然产物。

由于商人和手工业者摆脱了对土地的依赖,自然地趋向有利于加工和交易的交通便利之处进行聚焦,产生了固定的商品生产与交换的居民点,这就逐渐形成了城市的最初雏形。对此,马克思概括为:"一切发达的、以商品交换为媒介的分工的基础,都是城乡的分离。全部经济史,都概括为这种对立的运动。"(《资本论》第1卷,人民出版社,第390页)从考古发掘的物证来看,我国山东省章丘县境内城子崖的龙山文化遗址曾经是古谭国的一个城池。据测其存在年代大约是公元前2405年—公元前2035年,居住人口3000人以上。对此,著名的建筑学家沈玉麟评价为:"这是人类社会继农业革命之后的又一次伟大革命——城市革命,它对传播人类文明的贡献,仅次于文字的发明。"

新型城镇化不是农民向城市迁移,而是以原有的村镇为基础,通过产业开发,拓展建设农村新的城镇,以新的城镇整合个体生产资源。

国际上有学者预言,中国的新型城镇化和美国的高科技将是推动21世纪世界经济发展的两大引擎。当前,我国经济社会发展到了结构转型的关键时点,不论是从发展空间还是政策基调看,新型城镇化都是继人口红利、资源红利、改革开放的体制红利等之后的最大红利,是未来经济增长的一大重要驱动力量。新型城镇化的快速发展,带动二三产业到集镇汇聚,城市居民到小城镇生活休闲,都是乡村新型城镇化发展的历史机遇。

怀化市把新型微型城镇化作为"四跟四走"精准扶贫重要推动

力，以农村城镇产业园区建设为突破口，着力打造一批产业特色明显、综合实力较强的工业强镇、商贸重镇、文化古镇、旅游名镇、省际边界要镇，使之成为农业人口就地就近城镇化的重要载体。

沅陵县官庄镇，作为怀化的北大门，素有"湘西门户"之美称。近几年通过特色产业发展和特色重镇的打造，官庄镇面积已扩大到 5 平方公里，常住人口达到 5 万人，成为沅陵县经济增长次中心和县域重要的物资集散基地，辐射半径达 20 余公里，辐射人口达 12 万之众。

随着一批特色重镇的快速发展，怀化的新型城镇化已迈入快速发展轨道，带动贫困人口脱贫致富的能力也越来越强劲。2015年，怀化全市常住人口城镇化率提升到 43%，吸引 1.5 万贫困人口进城就业，脱贫致富。

四、坚持生态移民与就地城镇化有机融合的生产新方式

实行就地城镇化，不是农村人口向大中城市迁移，而是在原居住地一定空间半径内，依托小城镇和新型农村社区，实现"三个就地"，即就地城镇化、就地市民化、就地基本公共服务均等化，这对推进农村城镇化发展具有十分重要的现实意义。

1. 以集约节约的就地城镇化方式推进生态移民

怀化地处武陵、雪峰两大山脉之间，目前还有 13.5 万贫困人口居住在深山区、石山区、高寒山区，自然环境和生活条件恶劣。对于这些自然条件特别恶劣或开发成本过大、又不能从根本上解决贫困问题的贫困村，如果简单地采取传统的送钱送物、修路架

桥、扶持产业发展的扶贫方式，不仅扶贫成本高，而且脱贫难度大、效果差。易地扶贫搬迁是实施精准扶贫、精准脱贫的重要举措，怀化市改变传统扶贫模式，按照搬得下、稳得住、融得进、能发展的要求，把"一方水土难养一方人"的村整体搬迁至所属乡镇的集镇或工业园区附近，共享集镇的基础设施、公共服务设施，鼓励支持村民把原来的承包土地作为参股经营的股份流转给农业龙头公司，通过公司返聘打工、股份分红实现持续受益，或者到产业园区务工。这样不仅降低了扶贫成本，从根本上解决了贫困问题，还提高了集镇公共服务设施的利用率。

沅陵县委、县政府组织借母溪乡洪水坪村坚持易地搬迁与产业发展相结合，充分依托借母溪景区资源，借力旅游开发，将贫困村民整体搬迁到借母溪游客接待中心规划区内，由乡政府负责规划、"三通一平"及配套设施投入，引进湖南宏源公司负责房产开发和市场营销，采取"配套生活资料＋帮助就业"方式将下山的贫困户全部纳入低保，并在集镇附近给每户规划了一亩左右的菜地，优先安排他们到附近的茶叶、苗木基地就业，有效地解决了下山群众的稳定脱贫问题。2015年，洪水坪村村民人均纯收入由2012年的1810元增加到2015年的3300元。

辰溪县火马冲镇照顶界村是典型的高寒山区深度贫困村，自然环境和生活条件恶劣，怀化市委书记彭国甫在该村调研时发现，市、县在这里搞扶贫搞了很多年，仅供电、道路等基础设施建设就花了600多万元，但群众就学、就业等问题无法得到解决，村里依然十分贫困，如果继续按照过去老套路搞扶贫，再怎么扶持只能是一个"无言的结局"。在深入调研的基础上，怀化市委组织辰溪县委、县政府按照政府统筹、部门帮扶、群众参与的方式，整合生态移民、国土整治、农村危改等项目资金，对搬迁村民给予一定比例的建设资金补助，将照顶界村贫困人口搬迁到火马冲镇政府旁边、县工业集中区之内的移民新村，占地25亩，医院、学校、就业等配套设施完善，还给每户移民预留了0.1亩菜地和生产物资储藏室，既宜居又宜业。同时，把年纪大、有种养技术的村民安排到公司从事农业生产管理，按月拿工资。对年轻人开展有针对性的职业技能培训，引导他们在附近的火马冲镇工业集中区务工。这样一来，村民特别高兴，搬迁意愿强烈，有63户群众移民搬迁下山，已于2014年春节前全部搬进新居。2015年，照顶界村村民人均纯收入由2011年的900元以下提高到3000元，不仅挪了"穷窝"还拔了"穷根"。照顶界村群众在新建的村支部写下了"下山不忘共产党，致富要靠你我他"的对联，表达搬下山后的内心喜悦和对党委政府的感恩。群众说："如果没有共产党，没有人民政府，我们祖祖辈辈不知道要到什么时候才能解决这个问题。"

2015年，怀化市委、市政府总结推广沅陵县借母溪乡洪水坪村、辰溪县火马冲镇照顶界村生态移民易地扶贫搬迁的做法和经验，选择部分贫困地区推广就地城镇化的生态移民方式，实施生态移民745户、2973人，取得了比较好的效果。2016年，怀化市决定在全市全面复制推广这两种模式，计划完成易地搬迁生态移民2.16万人。

2. 坚定不移走产业城镇融合的路子，把产业园区建设成为城镇新区

2014 年 10 月，省委副书记、省长杜家毫在怀化调研时强调，要根据本地特色优势产业发展的特点和需要，加快建设特色产业园区，做好"筑巢引凤"。做好特色农业、生态农业、休闲农业这篇"大文章"，真正把田里种的、地上栽的，变成老百姓手中的真金白银。怀化市委、市政府认真落实湖南省委、省政府要求，积极对接省"135"工程，制定出台了《关于进一步加快产业园区发展实现三年倍增计划的若干意见》，把产业及产业园区发展作为经济工作的第一大主战场，按照"园区依托城镇，产业向园区集中，人口向城镇聚集"的发展思路，加快培育各具特色、竞相发展的产业园区，努力把产业园区建设成为城镇新区，着力建设一批产业特色明显、综合实力较强的工业强镇、商贸重镇、文化古镇、旅游名镇、省际边界要镇，使之成为农业人口就地就近城镇化的重要载体。2015 年，全市产业园区建成标准化厂房 170 万平方米，实现技工贸收入 710 亿元，文化（广告）创意、电子信息、电子商务等产业和特色产业园区快速发展；怀化全市常住人口城镇化率提升到 43%，一批特色产业重镇蓬勃兴起，带动农业人口特别是贫困人口发展致富的能力越来越强劲，成为助推贫困群众脱贫的重要引擎。

3. 不仅把产业及产业园区发展三年倍增计划作为一个经济增长工程，而且作为一个促进农民群众就近就业、家庭团聚、化解农村"空心化"的社会和谐工程来抓

怀化市在加快产业园区开发建设，着力完善城镇基础设施、公共服务设施，增强县城和特色集镇吸纳群众就业能力的基础上，制定出台扶持政策措施，吸引和鼓励在外务工、有一技之长、有一定资金积累的农村劳动力返乡"归巢"，就地就近就业和创业。这样一来，农民兄弟不用背井离乡也能够实现稳定就业，获得稳定收入，而且实现了家庭团聚，促进了家庭和睦，有效地解决了过去农村"空心化"现象突出、留守老人无人照顾、留守儿童长期缺乏亲情关怀、留守妇女面临生产生活双重压力的状况，进一步推动了道德建设与和谐社会建设。

五、推进"互联网＋"的生产新方式

党的十八届五中全会提出了实施"互联网＋"行动计划，大力发展分享经济，实施国家大数据战略。"互联网＋"作为一种新的经济形态，就是要充分发挥互联网在生产要素配置中的优化和集成作用，将互联网的创新成果深度融合于经济社会各领域之中，提升实体经济的创新力和生产力，形成更广泛的以互联网为基础设施和实现工具的经济发展新形态。在精准脱贫进程中，怀化市不仅算经济账，更算生态账，运用"互联网＋扶贫"模式发展特色生态产业，使绿水青山与金山银山相得益彰，做到脱贫与生态"两不误、双辉映"。

一是通过"互联网＋农产品"让山货下山上网。

怀化市绿色优质农产品资源十分丰富，漫山遍野都是宝贝。由于缺少品牌产品、品牌企业带动，冷链物流业、农产品精深加工业发展不足，特别是贫困群众不懂市场、营销手段单一，生产的

农产品往往卖不出去、卖不上好价，造成了绿色优质农产品"养在深闺人未识""养在深闺很便宜""养在深闺嫁不出去"，无助于群众脱贫的局面。针对这一问题，怀化市政府出台了《怀化市加快电子商务发展的若干政策措施》《怀化市 2016—2020 年电子商务精准扶贫实施方案》，与阿里巴巴、淘宝、京东、苏宁易购、邮乐购等国内知名电商企业合作建立"怀化馆"，培育扶持橙家班、果果绿、三通慧联、怀化购等本土电商企业，借助专业电商平台把散落在乡村的"宝贝"整合起来，形成品牌，"打包"外销，让贫困群众搭上"互联网快车"，连上网络市场，把自家的大山茶、魔芋、腊肉、竹笋、茶油等特色生态农产品卖到全国各地，价格比原来翻了好几倍。比如，中方县柑橘"山下红"，原来一斤只要两块钱左右，通过电商销售可以达到4块钱一个，老百姓得到了更多实惠。溆浦县油洋乡址坊村贫困户舒更生通过本土电商——溆云轩销售剁辣椒、菜油等原生态农产品，年收入达到 4 万余元，一举甩掉"贫困帽"。目前，全市农村电子商务呈蓬勃发展之势，溆浦县、中方县被列为全省农村电子商务示范县，麻阳苗族自治县、沅陵县分别被列为国家和省级农村商务信息服务试点县，怀化经开区成为湖南省西部地区首个电商示范基地。2015 年，全市实现电商交易总额达 45 亿元，交易总额较上年增长 151%，是湖南电商增长最快的市州之一。预计 2016 年超过 100 亿元。

二是通过"互联网＋乡村旅游"让绿水青山变为金山银山。

怀化到处是美丽神奇的山水、璀璨多姿的民族文化、独具特色的村寨，像一颗颗珍珠散落各地。过去由于信息闭塞、交通不便，美丽妖娆而多情的怀化"待字闺中",少有人知,绿水青山掩盖着令人心痛的贫穷。近年来,怀化市委、市政府坚持把乡村旅游作为精准扶贫的重要抓手,加快发展"互联网＋乡村旅游",借助电商平台及微信、微博等新兴媒体,把散落在乡村的旅游资源串成"项链"推销出去,全方位推动怀化走向世界、世界走进怀化,更好地带动农产品销售,推进"美丽乡村·幸福家园"建设,激活了良好的自然生态、厚重的历史文化以及产业生产要素、流通消费要素和创新创意要素,使之相互融通、相生共荣,有力地推动了区域经济社会发展和贫困群众增收致富。比如,靖州苗族侗族自治县三锹乡地笋村大力发展民俗旅游,贫困户吴谋建是湖南卫视《爸爸去哪儿》节目中的明星家庭接待户,现在他们一家每年接待游客上千人次,年收入达到了 8 万元。通道侗族自治县黄土乡的皇都侗文化村每年吸引数十万游客前来观光,村民们在忙完农活后,通过参加民俗艺术团表演、旅游接待等工作,每人每月平均增收 3000 多元,收入是以前的十多倍。乡村旅游的异军突起,不仅推动了怀化生态文化旅游业的蓬勃发展,也促进了全市产业转型升级和结构优化。2015 年,全市全年接待国内外游客人数增长 18.6%,旅游收入增长 28.3%;三次产业结构比由 2013 年的 13.7∶44.1∶42.2 调整为 2015 年的 14.5∶41.8∶43.7。

"四跟四走"精准扶贫的生产新方式适应了市场经济的发展需求,是一种以市场经济为导向的生产方式的转变,代表了当代农村在信息化、生态文明时代未来生产方式的发展趋势。这种以新的金融消费改变传统的银行借贷关系,以股份制合作经济改变个体经济经营，以新型城镇化整合个体生产资源，以生态移民为契机转变旧的生产方式，以"公司＋农户"的集体经济模式提高贫困人口发展产业的组织化程度，形成了新的生产方式和新的生产关系。总之，就是在以家庭联产承包责任制和村民自愿的基础上，集合了新的集体经济，改变了个体的经济资源和个体的生产方式，使改革开放时期的农村个体生产单元向新的集体经济生产方式转变，这是改革开放以来农村经济发生的质的变化。

这种变化与20世纪50年代的集体化经济转变有相似之处，这就是在形式上从个体单干经济向集体化经济转变。不同的是20世纪50年代的集体化经济是以社会主义改造、以革命的名义实行的集体化，而怀化"四跟四走"精准扶贫实行的新集体经济是以市场为导向的，是农民群众根据市场需求，根据信息化社会的发展趋势，主动调整生产关系和生产方式，自愿组合起来的新集体经济。这种新的生产关系和新的生产方式，具有新常态时期崭新的时代特点和新的时代意义，符合中国特色社会主义本质要求，因而是一次革命性的历史性的新飞跃。

第三节　建设好能人当家的村党支部
——"四跟四走"精准扶贫的坚实基础

习近平总书记指出："送钱送物，不如建个好支部。""农村要发展，农民要致富，关键靠支部。"（《习近平谈治国理政》，外文出版社2014年版，第190页）贫困村之所以贫困，除了自然的、历史的、客观的因素外，更重要的是班子、队伍、人的问题，是观念、信心、能力的问题。不解决这些问题，很难把扶贫工作搞好，即使一时扶上去了，迟早还要掉下来。

近年来，怀化市委制定实施了《关于创建基层服务型基层党组织三十条意见》《关于进一步规范村级事务公开工作的通知》等一系列文件，着力建好能人当家的党支部。湖南省委常委、组织部长郭开朗赞扬这是"打造了一支永不撤走的一线工作队"。

一、强化村党支部的领导核心地位

进一步坚持和强化了村党支部在村级事务中的领导核心地位，着力把村党支部建设成为落实党的政策、带领农民致富、密切联系群众、维护农村稳定的坚强领导核心。进一步健全了以村党支部为领导机构、村民会议（村民代表会议）为决策机构、村民委员会为执行机构、村务监督委员会为监督机构的"四位一体"村级治理结构，严格落实"四议两公开"、村务联席会、民主议事会、村务监督等制度，引导党员群众参与村级事务管理。

二、加强村党支部书记队伍建设

采取选、调、派、聘等多种方式选配好村党支部书记，先后选拔 53 名选调生（大学生村官）、100 名机关干部到乡村任职，选派1641 名"第一书记"到村帮助开展工作。实施"万名基层党组织书记进党校""千名基层干部进高校"计划，市县财政安排经费 700多万元，对全市 1 万余名基层党组织书记进行集中轮训。注重从优秀村干部、大学生村官中择优选配乡镇领导班子成员，在2016年乡镇党委换届中共选拔"三类人员"224名（乡镇事业编制干部96人、优秀村干部69人、大学生村官59人）进入乡镇领导班子。

三、强力整顿软弱涣散基层党组织

2014年以来，怀化市委开展了由市委常委、组织部长江波任组长的软弱涣散基层党组织专项整治活动。结合分类定级工作，严格按村党组织总数的10%和社区党组织总数的5%确定整顿对象，逐一登记造册、建立台账，按照"拿出一套整顿方案、派出一支工作队伍、配一名'第一书记'、定一批帮扶项目、建一个坚强班子"的"五个一"要求，采取领导挂点、部门帮扶等方式，对软弱涣散基层党组织进行集中整顿。

溆浦县桥江镇林家坡村在"两委"换届中，因派性斗争，思想不统一，林家坡村支部书记和村主任均未选上，一直由镇政府下派干部担任"第一书记"，主持党务、村务工作。班子凝聚力和战斗力不强，干事创业热情不高，在群众中缺乏号召力和公信力。党员队伍管理松散，派性纷争，先锋模范作用缺失。村内矛盾纠纷频发，村民上访不断，严重影响村里的和谐稳定，各项工作在全镇靠后，计划生育、基层党建、综治维稳等工作排名倒数第一。基础设施建设滞后，村部和村小学破烂不堪，脏、乱、差现象随处可见。经济发展处于"三无"（无集体经济、无支柱产业、无种养大户）状态。2014年以来，通过县乡两级挂点抓整顿，短短一年时间，村里各项工作发生了翻天覆地的变化，党员干部心齐了，基础设施改善了，产业经济发展了，群众满意度提升了，一举甩掉软弱涣散的"帽子"，各项工作在全镇名列前茅，基层党建工作被县委确定为全县的示范点，成为全县的"统筹城乡发展试点村"。

截至目前，怀化市已整顿转化软弱涣散村（社区）党组织806个，其中，2014年整顿转化402个（村385个、社区17个），2015年整顿转化404个（村386个、社区18个），软弱涣散村（社区）党组织转化率达100%。

四、切实强化村级组织运转保障

由于办事没经费、待遇没保障、带动能力弱，一些农村基层党组织说话没人听、办事没人跟，在群众中没有威信。怀化市委成立了由市委副书记、市长赵应云任组长，市委常委、常务副市长杨亲鹏，市委常委、组织部长江波为副组长的专项工作领导小组，坚持经费资金投向基层，资源要素倾斜基层，切实加大村级组织运转经费的保障力度，着力让农村基层党组织"腰杆子"硬起来、威信树起来。全市村均运转保障经费由2014年的6万元增加到2015年的7.4万元，2016年增加到8万元以上；2015年给每个村新增1万元村级组织服务群众经费，2016年增加到2万元。

把发展村级集体经济作为提升基层组织服务力的重要手段，切实改变村级组织服务群众"有心无力"的状况，让村级组织能够站起来、走起来、跑起来。2014年，怀化市制定了《关于发展壮大村级集体经济提升农村基层组织服务力的实施意见》，大力实施村级集体经济3年行动计划，市县财政每年各安排2000万元扶持集体经济发展，分 3 年逐步消灭 1542 个集体经济空白村，培养一批 10 万元以上的集体经济强村。

靖州苗族侗族自治县立足本地资源优势和产业特点，探索推行门面开发、项目帮扶、土地流转、专业合作、创业带动等发展集体经济的"8+X"模式，大力发展村级集体经济。太阳坪乡诸葛村引进杨梅产业龙头企业——靖州湘百仕公司，在该村实施万亩欧盟有机论证生态杨梅基地项目，完成杨梅林种植 2500 亩。项目收益按照农户 55%、企业 30%、合作社 10%、村集体 5% 的比例进行分配，村集体每年增收 10 万元以上。

2015 年，怀化市共消灭集体经济空白村 611 个，集体资产总额由 2014 年的 15.3 亿元提高到 18.4 亿元，增长 20.1%；评选了一批发展集体经济"50 强""50 快"村。芷江侗族自治县古冲村、溆浦县枫林村等脱颖而出，年经营性收入最高达 400 万元。

五、把能人培养成党员，把党员培养成能人，党支部由能人当家理事

村党支部是党在农村的最基层的组织，是村级各种组织和各项工作的领导核心，是团结带领广大党员和群众加快推进精准扶贫精准脱贫、努力建设有中国特色社会主义新农村的战斗堡垒。一个村，如果党支部战斗力强，这个村就能够实现又好又快发展；反之，则亦然。

怀化市在推进"四跟四走"精准扶贫进程中，充分认识到建设好村支部的重要性，并将其作为实施"四跟四走"精准扶贫的基本组织保障予以加强。为此，市委书记、市人大常委会主任彭国甫反复强调，"四跟四走"，关键是村级组织要有一个坚强的党支部，而党支部必须是能人当家。他之所以有这样强烈的认识，得益于他联系的中方县中方镇陈家湾村一个"八顾洋楼请支书"的真实故事。

吴建明是陈家湾村的一位成功的党员民营企业家。2014年在党支部的换届选举中，村全体党员八次邀请他回村里担任村支部书记。担任村支部书记后，吴建明充分发挥他企业家的管理才能，在乡政府的指导下，带着村支部一班人，一是设置了村级便民服务站，为群众代办各类乡政府授权办理事务，受到群众拥护。二是定期公开村级财务，村级财务公开透明，受到群众信任。三是规划发展，把"四跟四走"精准扶贫落实到一项项行动中。经过三年的奋斗，目前陈家湾村种植优质柑橘4000亩、优质葡萄2000亩、苗木1500亩，群众收入由2013年的8500元上升到1.2万元。村集体经济办起了自来水厂，修建了标准化厂房出租，村级集体经济由负债100万元到盈利100多万元。

怀化市在全市推广陈家湾村经验，按照"党性强、能力强、改革意识强、服务意识强"的要求，采取公推直选、两推一选、组织委派、公开选拔等方式选优配强村支部书记，把1172名致富能手培养成党员，把3519名党员培养成致富能手，在2014年村支两委换届中，1500名农村致富能手、民营企业家、农民经纪人、农民专业合作社负责人、回乡大中专毕业生、退伍军人、外出务工经商返乡人员被选为村党支部书记。同时，加大对不胜任、不称职基层党支部书记调整力度，对年度述职测评"不满意"票达 1/3 以上、党员民主评议"不合格"票达 1/3 以上、党组织分类定级连续两年为较差的村支部书记，经组织考核认定，及时予以调整。2014 年以来，共调整贫困村支部书记 198 人，向贫困村选派 1237 名"第一书记"。

怀化市委副书记邹文辉指出："搞好精准扶贫，必须加强农村基层组织建设，尊重贫困地区群众的主体地位，把激发群众自力更生、艰苦奋斗精神，充分调动群众的主动性、创造性作为扶贫开发的内在活力。'第一书记'要一手抓党建，一手抓扶贫，当好党的政策宣传队、农村党建工作队、脱贫致富服务队，这是从根本上改变一个村庄贫困局面的治本之策。"

把党员培养成致富能手，把致富能手培养成党员，鼓励党员带头致富，带领群众致富；注重把党员培养成服务骨干，把服务骨干培养成党员，引导党员带头服务群众、带头服务发展，是怀化基层党建工作拓展"双培双带"的有益探索和重要职责。2014 年以来，怀化市围绕打造一支"服务意识强、服务能力强"的"双强"型基层干部队伍，按照分级负责、分类培训的原则，市委重点培训乡镇党委书记，每年在市委党校举办乡镇党委书记专题培训班，每年选派 10 名左右的优秀乡镇党委书记到省直部门和市直部门单位挂职锻炼；县市区重点培训村（社区）党组织书记，每年轮训一次，时间不少于 7 天，其他班子成员 3 年轮训一次。深入开展"一人学一技"活动，力争每名干部都掌握一门以上实用技能；依托怀化职业技术学院，加大村干部学历教育，力争通过

3—5年的努力，使每村至少有一名大专学历以上的村干部。

与此同时，为确保制度的有效性和长效性，还着力构建"四位一体"治理机制，即建立以村党组织为领导机构、村民会议（村民代表会议）为决策机构、村民委员会为执行机构、村务监督委员会为监督机构的"四位一体"村级治理结构。设立村民议事会，作为村民会议授权的常设议事机构，行使村级日常事务议事权、决策权。村民议事会成员由村民小组推选产生，原则上不少于15人，村民议事会召集人由村党组织书记担任，严格执行"四议两公开"工作法。

第四节　综合配套改革一体化
——"四跟四走"精准扶贫的制度保障

推进"四跟四走"精准扶贫，需要社会机制和体制的相适应、相配套。为此，近几年来，怀化市着力从综合反腐、综合治理、综合服务等方面实施了一系列配套改革措施，为"四跟四走"精准扶贫提供了强有力的制度保障。

一、推进市县乡村综合反腐一体化改革，清除"雁过拔毛"的腐败苍蝇

习近平总书记强调："人心是最大的政治。"2015年11月，省委常委、省纪委书记傅奎在怀化调研时，充分肯定了怀化市委、市纪委查处农村"苍蝇式"腐败的工作，并要求怀化市委、市纪委将反腐败工作进一步向农村落实、落小、落细,积极创新农村反腐败工作的机制和方式方法。为落实傅奎的指示要求,市委书记彭国甫和市委常委、市纪委书记赖馨正深入农村调查研究。一些基层群众反映:"现在上面反腐败好倒是好,就是好像跟我们没多大的关系。像我们这里有的人家里蛮富裕,跟村干部关系好,照样吃低保;像我家里好困难的,应该吃低保,就是吃不到低保。"针对群众反映的这种情况,由市纪委牵头,组织专门力量在全市进行了全面的摸底排查,市委常委会进行专题研究,认为:"如果不坚决严肃查处发生在老百姓身边的'雁过拔毛'式腐败问题,不打腐败苍蝇,老百姓得不到反腐败的'红利',反腐败就不能得到老百姓的认同、拥护和支持,惠农的政策和经费就不能不折不扣地精准扶到贫困人口身上,精准扶贫就落不到实处,必须强力推进市县乡村综合反腐一体化改革。"

1. 建立健全市县乡一体化反腐败机制

2015 年,怀化市委创新基层纪检监察设置、管理体制和运行机制,推动反腐机构、人员向乡镇和村级组织延伸,在通道、芷江、中方 3 个县的 60 个建制镇试点设立乡镇监察室,在溆浦县 690 个村(社区)党支部试点设立村级纪检员,配齐配强乡镇纪委的力量,试行乡镇纪委垂直管理,确保乡镇纪委至少有纪委书记、专职纪委副书记(纪检监察室主任)和专职纪委委员 3 人,极大地充实了一线工作力量,有效地惩治了涉农腐败问题,效果非常明显。2015 年,全市共立案审查乡镇党员干部违纪违规案件87 件、处分 122 人,立案审查农村党员干部违纪违规案件 382 件、处分 375 人，其中"村支两委"班子成员 161 人（其中村党支部书记 83 人，村主任 36 人）；共清理发现惠农补贴违规资金 3749.11 万元，查处侵占挪用各类补助资金问题 37 个、68 人，查处对群众耍赖账等问题 70 个；取消向农民个人收费项目 31 个，查处乱收费乱摊派案件数 45 个，在全市形成了强大震慑。一些老百姓说："反腐反腐，开始我们还以为只是当官的人的事，跟我们老百姓没什么关系，没想到现在反到我们家门口来了，反腐败我们老百姓还可以得到这么大的'红利'。"在党风廉政建设责任制检查考核中，2014 年和 2015 年怀化市连续两年排名全省前列。

为了扩大这一成果，2016 年撤乡并村后怀化市决定在全市 193 个乡镇全部设立纪检监察室，在全市 2720 个村全部设立村级纪检员，为查处基层党员干部侵占惠农补贴、扶贫救济、低保医保、危房改造资金等发生在群众身边的"雁过拔毛"式腐败问题提供强有力的组织保障，让老百姓真正享受"反腐红利"。

2.城乡全覆盖、网络反腐败

麻阳苗族自治县积极探索"互联网＋纪检监察"工作模式，用科技反腐利器向"雁过拔毛"式腐败发起宣战。在麻阳调研扶贫工作时，市委书记彭国甫同县委书记李卫林商量如何有效防止和惩治精准扶贫过程中的"雁过拔毛"式腐败问题，要求李卫林组织县纪委、县扶贫办等有关部门研究利用互联网、借助科技手段，建立民生监督平台、正风肃纪平台、脱贫攻坚监督平台。在市纪委的支持、指导下，麻阳县委、县纪委积极有效地开展了这项工作，取得了明显成效。

一是搭建"互联网＋纪检监察"三个平台。其一是民生监督平台。将基础设施建设、惠民补贴发放、城市和农村低保户的评定、居民养老保险金和医疗保险金的收缴与发放等34类民生项目、12大类、107项民生资金，分类逐项录入平台，实现民生"一项不漏"全覆盖。平台前台具有公开公示、查询验看、投诉举报、数据分析等功能，群众可通过发送短信、扫描微信公众号、点击终端触摸屏和扫描身份证等方式查询；后台设国家公职人员、村（社区）干部、车辆、房产、商业门面、个体工商户、企业社保、死亡人员等9大基础数据库，利用大数据自动"碰撞"、自动分析、自动提示等功能，及时发现民生领域违纪违规问题线索，变以前"坐等式"来信来访为现在"主动式"发现问题，实现"人机适时联结"。同时，在涉及民生项目的部门单位建立监督平台，而且在县行政办公大楼宽敞的大厅左侧建立一个崭新的电子触摸屏，实现监督路径的"无缝对接"。其二是正风肃纪平台。对党委（党组）主要负责人4项主体责任和纪委书记（纪检组长）8项监督责任进行菜单式分解细化、量化，编制责任清单，进行百分制管理，实现层层传导压力，压紧压实"两个责任"。开辟群众监督党员干部的新渠道，开通"随手拍"，群众若发现党员干部有诸如公车私用（养）、公款吃喝等违纪违规行为，可将"随手拍"视频上传至该平台来举报，让"四风"问题随时随地得到监督，实现"证据在民间"。其三是脱贫攻坚监督平台。把全县贫困人口按户进行登记汇总，建立贫困人口数据库，与9大基础数据进行分析对比，以求精准识贫；针对贫困户的不同情况，开展金融产业扶贫、助残助学、创新创业指导、技术技能培训和专业推销农副产品等方式，以求精准扶贫；通过发展产业、易地搬迁、生态补偿、发展教育、社会保障等途径，以求精准脱贫，从而实现"大数据推进大精准"。

二是整合民生监督力量。整合全县纪检监察人员力量，组建了县、乡、村三级扁平监督机构，县级设立民生监督领导小组，18个乡镇设立民生监督组，322个村（社区）设立民生监督小组。为发挥互联网实战合成的指挥中枢作用，在县纪委设立信息中心，具体负责"互联网＋纪检监察"平台的管理维护、信息数据收集登录、分析监督和违纪情况的及时处置等。"三级联动"扁平监督体系和互联网实战合成的指挥值班的建立，在人员和职责上形成了全天候、无缝隙的监督机制。

三是建立民生监督长效机制。出台了《乡镇民生监督组管理办法》《监督组信访举报》《监督组干部管理办法》等8项基本制度，使民生监督工作有章可循，考核监督工作统一规范。

2016年3月，麻阳县"互联网＋纪检监察"平台正式运行以来，通过大数据分析对比，在后台发现问题线索1.3万多条，涉及低保、危房改造补助、廉租房补贴、企业养老保险、贫困寄宿生生活补助、渔业成品油补贴等事项。如江口墟镇陈××既享受城镇低保又享受农村低保，县畜牧水产局副局长滕××利用分管渔业成品油补贴工作便利，安排其老婆承包水库养鱼，然后为其发放该项补贴等，该县纪检机关除责令民政、畜牧水产部门及时取消重复享受的低保、清退多领取的低保金和补贴款外，还对滕××予以立案调查。截至目前，该县根据监督平台发现的问题线

索进行调查核实，共对 15 人进行立案调查，给予 4 人党纪政纪
处分。

二、推进农村综合治理一体化改革

习近平总书记强调，"平安是老百姓解决温饱后的第一需求，
是极重要的民生，也是最基本的发展环境。"怀化市委坚持把群
众对平安的要求作为努力方向，以农村综合治理一体化改革为
抓手，切实加强农村社会治理体系和治理能力现代化建设，努
力促进农村社会和谐稳定，不断增强老百姓的安全感、幸福感和
满意度。

1. 大力推进"三级一体"警务模式改革

针对过去警务资源碎片化分割、警务方式手段粗放、打防管控
相互脱节、情报信息共享困难、警务效能整体低下等突出问题，怀
化市委将推进"三级一体"警务模式改革作为深化改革工作的重
点，扎实有序推进，制定出台了《怀化市"三级一体"警务改革工
作方案》。在副省长、省公安厅长黄关春的高度重视、大力支持和具
体指导下，怀化市委政法委、市公安局党组紧紧围绕"实现公安治
理体系和治理能力现代化"总目标，按照"大部门、大警种制"的要
求，打破警种壁垒；按照"系统跟着平台走，平台跟着中心走"的
要求，打破业务系统壁垒；按照"信息需求与使用权限相匹配"的
要求，打破权限使用壁垒，着力构建"横向集成、纵向贯通"的警
务信息、警务资源共建共享格局，建设全领域合成作战体系，推进
警务工作转型升级，让老百姓得到了更安全、更方便、更公正的"红

利"，让民警得到了更高效率、更有成就感、更高素质的"红利"。

2016年3月15日，怀化市公安局治安防控中心发布一条重点（在逃人员）车辆预警指令，要求特警支队组织盘查工作。特警支队肖典龙组接到预警指令后，立即与防控中心研判专员取得联系，利用城市视频监控、车辆查缉布控系统研判车辆型号及轨迹信息，同时利用市局指挥调度系统可视化调度武装巡逻第2号、第5号车追踪查巡，在接警后35分钟内，迅速拦截到嫌疑车辆，并对车辆人员及物品进行精准核查，扣押嫌疑车辆，达到了精准预警、精准查控的目的。

目前，怀化"三级一体"警务改革已基本实现结构性重组、体系性重建、整体性变革，取得了"五升三降两倒逼"的阶段性成效。"五升"：实现侦破打击效能提升，自2015年11月"三级一体"警务改革全面推行以来，全市共破刑事案件3395起，破案率为64.24%，侵财案件破案率为49.52%；实现动态驾驭社会治安能力提升，以指挥中心、侦查实战合成中心、治安防控中心等一体运行，实现快速反应、精准打防；实现服务效能提升，群众自助办证、网上办事成为常态；实现规范执法水平提升，对刑事案件、行政案件及涉案财物实行全领域、全方位、全流程监督；实现公安工作社会化程度提升，坚持党政领导，动员全社会参与公安工作。"三降"：实现发案下降，2015年11月以来，全市刑事警情报警数同比下降18.37%，全市共立刑事案件5285起，同比下降13.52%，侵财案件立4572起，同比下降17.67%；实现民警压力逐步下降，改革将逐步降低发案、提升破案，减轻民警工作压力，进入良性循环；实现警务成本下降，技术手段网上审批时间缩短到 10 分钟，所有信息资源网上调取、网上请求，降低时间和经费损耗。"两倒逼"：倒逼基础工作，侦查实战合成中心、治安防控中心一运行立即能发现基础工作中的薄弱环节，倒逼社会信息采集、共享资源数据库搭建等基础工作；倒逼队伍能力素质提升，通过改革倒逼民警更新工作理念、学习信息化工作技能、适应先进工作方式。

怀化警务改革得到了国家公安部、湖南省公安厅的充分肯定，公安部认为"怀化的警务改革为全国公安机关探索大部门、大警种制改革树立了榜样、打造了标杆，把湖南公安改革推向了全国改革前沿，是全国 440 余个地市公安机关第一个系统化、全方位、结构性的警务机制体制改革，是有生命力的，是可复制、可推广的"。2016 年 5 月，湖南省公安机关警务机制改革现场推进会在怀化召开。

2015 年，怀化市公安机关民意调查排名全省第一，其中违法犯罪现象评价、盗窃抢劫现象评价、公安队伍公众评价排名全省第一；2014 年、2015 年怀化社会治安综合治理工作连续两年排名全省第一，社会治安综合治理民意调查全省排名由 2014 年上半年的第 13 位上升到 2015 年下半年的第二位、2016 年上半年的第一位。

2. 大力推进信访治理一体化改革

为运用互联网新思维和互联网新平台，实现"人来人往"的信访向"网上来往"的信访转变，怀化市委、市政府在芷江侗族自治县试点。芷江积极开展"互联网＋信访"改革试点，出台了《加强和创新信访工作实施方案》，开发建设芷江网上信访综合应用平台，将网上信访、电话信访、视频信访、微信信访、领导信箱集成到综合应用平台，开通了"芷江信访"微信公众号、芷江信访网、"12345"县长热线三大信访服务平台，将全县各乡镇和县直正科级单位全部联通了政务外网，接通了网上信访信息系统，将"信、访、网、电"等信访渠道受理的信访事项录入网上信访信息系统，实行网上流转、网下办理、网上回复，让老百姓足不出户就能反映问题，使民情传递不再受时空限制，实现了信访治理一体化改革"数据多跑路、群众少跑腿"的目标。比如，芷江网民杨敦发在网上向省长信箱反映，三道坑镇芷溪村抗战老兵肖德济意外受伤被送入怀化市中医院进行手术，因家境困难，希望政府能够伸出援助之手。芷江侗族自治县信访局在网上获悉后，立即通过网上流转将该信访件转交给三道坑镇政府调查处理，镇政府核实情况后，在一周内就完成了相关申报工作，及时为肖德济老人送去了救助资金5000元，帮助老人按期接受手术治疗。截至2016年3月底，全县通过网上信访信息系统共登记、办理信访件2415件，占信访总量61.45%，进京信访登记为零人次。依法整治以访谋利行为，依法处置非法上访，依法规范网上信访，刹住部分地方存在的"大闹大解决，小闹小解决，不闹不解决"的歪风邪气，维护规范有序的信访秩序。

在芷江试点的基础上，怀化市委、市政府制定出台了《怀化市信访治理一体化改革工作方案》，全力推进信访治理一体化改革，着力解决信访资源碎片化问题，建立网上网下一体化信访平台和统一接访处访、源头防控、依法治访、终结退出、督查督办和工作保障机制，进一步规范信访秩序，有效化解信访矛盾，切实维护群众合法权益。

一是全面有效地推进"互联网＋信访"。依托现代网络技术，按照"统一标准、开放接口、互联互通、分级负责"的要求，建设市、县、乡、村四级纵向全覆盖，市、县、市县直部门横向全贯通的一体化网络信访平台；开发建设信访综合信息、市县两级视频接访、移动信访终端三大系统；整合各类新型媒体、各类留言问政平台、投诉举报平台等网上信访资源；创新建立网上信访事项甄别分类、办理答复、督查督办、回访反馈、后续管理等五大机制，细化部门工作流程和考核细则，形成以互联网为基础和创新要素的信访工作新形态，确保群众合理诉求有效解决，切实做到"让数据多跑路，让群众少跑腿"。

二是全面有效地推进诉访分离。加快涉法涉诉信访工作改革，加强涉法涉诉联合接访中心建设，规范接访程序，严格甄别分流，把涉法涉诉信访问题纳入法治轨道解决，实现案结事了、息诉息访，着力解决"信访不信法"的问题。

三是全面有效地推进积案攻坚。以"化解矛盾"为核心，按照"分级负责、属地为主"和"谁主管、谁负责"的原则，全面推行定期梳理、主体负责、定期交办、限期办结、督查考核和责任追究机制，确保积案有效化解，实现"减存量、控增量"的目标。

四是全面有效地推进源头治访。把工作的重心从事后问题化解转移到事前矛盾预防上来，建立"初始处置"问责机制、"下访驻访代访"机制、"简单信访问题不出村，一般信访问题不出乡，重大信访问题不出县""三个不出"激励约束机制、"县乡村三调联动"矛盾调解机制，从源头上减少信访问题的发生。

五是全面有效地推进群管群治。整合各类信访资源，利用基层组织、社会力量、乡规民约加强群管群治，夯实信访基层基础，形成群管群治合力。

六是全面有效地推进依法治访。2014 年以来，市级党政领导共坐班接访 116 次、下访 270 次，县市区党政领导共坐班接访 4890 次、下访 5000 余次，市县两级党政领导干部共处理信访积案 337 个，已化解 306 个，化解率超过 90%。2015 年以来，全市已有 88 家市直单位联通政务外网、46 家单位办理数字证书，439 家县直单位联通政务外网、416 家单位办理数字证，196 个乡镇（街道）联通政务外网并办理数字证书，群众足不出户就可以反映信访问题并得到妥善处理，还可以在网上进行满意度评价，效果往往比现场走访更好。

三、推进城乡综合服务一体化改革

习近平总书记说："民有所想所求，我们就要帮助他们，为他们服务。"只有捧出一颗为人民群众服务的拳拳之心，才能让群众对我们掏心窝子，一心一意跟党走。怀化市根据城乡的不同情况和群众的不同需求，坚持"因地制宜，分类指导，差异发展，便民利民"的原则，有效整合城乡各种服务资源，以"互联网 +"为实现途径，全力推进城乡综合服务一体化改革，为城乡群众提供方便、快捷、优质的服务。"互联网＋"改变了人们的生产方式、生活方式，也改变了政府的管理理念和服务方式。

1. 大力推进"互联网＋民生服务"模式

怀化市委、市政府首先在会同县试点，由会同县委书记杨陵俐任组长，组织专门力量，积极有序推进"互联网＋民生服务"项目，在村一级设立民生服务站，向上对接政府和社会各项服务，向下承接村民各项需求，建设政府部门的"代理公司"、商业企业的"营销公司"、村支两委的"物业公司"，着力推进政务、商务、公益服务的社会化、市场化、信息化改革。

一是按照"政府引导、社会协同、企业运营、群众共享"的思路，引入第三方企业独立运营。"政府引导"，就是政府协调提供经营场地，将政府涉农职能与资源整合起来，打捆交由民生服务站统一经营代办，并按协议向企业支付购买服务成本。"社会协同"，就是电信运营商、金融服务商、生活服务商、电商平台等社会力量通过民生服务站协同开办业务、收集发布信息，实现资源共享、信息共用。"企业运营"，就是项目实行企业化、市场化运作，村级民生服务站由项目运营企业投资建设，在各村聘请代办员办理业务，企业主要收入来源于政府购买服务收入、商业合作企业返还收入、供销便民服务收入、新植入电子商务等惠民元素经营收入，自主经营、自我管理、自负盈亏。"群众共享"，就是民生服务向村民提供服务实行"零收费"，村民足不出户即可享受与城市居民同等、便捷、有效的服务。

二是为农村群众提供政务服务、商业服务、公益服务"三大服务"。

其一，推进政务服务。

将29项县直单位77项与群众密切相关的政务服务事项汇编成《德一民生代办政务事项服务指南》并植入电脑，方便群众随时查阅；将县电子政务外网建设延伸到村级民生服务站，县政务服务中心与村级民生服务站"两位一体、同步运行"，广大村民像逛淘宝一样"逛政府"，变行政服务由"人来人往"为"网上来往"，变"群众跑路"为"信息跑路"，变"群众来回跑"为"部门协同办"，既降低了行政成本，提高了行政效率，又增加了收入。

其二，推进商业服务。

加大与电信运营商、平台电商、金融服务商、生活服务商等企业合作，借助村级民生服务站平台统一布点、开办业务，建起了农村综合商业服务超市，广大村民"进一个门，办多件事"，足不出户就能缴纳水电费、话费、保险费，办好小额取款、收发邮件及包裹等事务，有效地解决了农村市场服务碎片化的问题。

其三，推进公益服务。

民生服务站为村民免费提供代写文书、打字复印、网上购物订票等服务，代管农家书屋、关爱留守儿童、照料老人等公益服务。这些贴近贴心温情的服务，让广大村民充分感受到政府就在家门口、就在身边。

截至目前，会同县建成村级民生服务站65个，惠及农村群众8万余人。下一步，怀化市将以"智慧怀化"建设为契机，与大电商合作，搭建更大规模的"三大服务"平台，让老百姓有更多的获得感。

2.大力推进"党建e+"模式

怀化市委把"互联网+"的理念引入党建工作创新，首先在鹤城区试点，由鹤城区委书记熊安台任组长，组织专门力量，开展"党建e+综合服务平台"服务型党组织创建活动，开启"互联网+社会管理""互联网+微服务"新模式，搭建"线上线下"双向互动融合的服务平台，让社区管理服务"脱胎换骨"，让居民足不出户在家就能办事，了解上级相关政策。2016年5月10日，省委常委、省委组织部长郭开朗在怀化鹤城区莲花池社区调研时，对社区群众"线上"点单、干部"线下"服务的党建新模式给予充分肯定。

一是建立线上"三微"服务平台。其一，微信群。按照金字塔的模式，建立起四级微信群，即区领导（区直机关单位）—街道（乡镇）—社区（村）—网格（组）四级微信群。其二，微平台。区直各部门及乡镇街道建立手机微平台（公众号），定期发布党务、政务信息。群众关注公众号后，就可以网上办理相关事务，发表诉求，了解区直单位及乡镇街道、社区（村）的工作动态。其三，微网站。建立微网站，与微信群、微平台有机结合起来，对群众反映问题的交办率、办结率进行线上统计，对干部工作情况进行考核，监督效果更透明。按照"群众所需、线上所能"的要求，在继续做好政策咨询、为民办事等工作的基础上，逐步向提供产业发展服务、生产技术培训指导服务等延伸。

二是建立线下"四级"服务站（点）。其一，区级层面：建立党员服务总站。区里安排专门的办公场所，安排专门的民事联络员、专人管理区领导及部门负责人群。由管理员负责对微信群（微网或 APP）反映的，且需提交区领导或部门领导决策的普遍性问题进行送审、批转、交办，并限时回复群众；负责复杂问题交叉部门之间的协调、交办，对全区"三微"平台服务群众的监督考核等。其二，区直单位、乡镇街道层面：建立党员服务站。地点设在各单位、乡镇街道，由各单位安排专人管理"线上"群众反映的问题"线下"办理工作。对各单位层面能解决的问题及时交办，限时回复。对各单位层面确实解决不了的问题及时上转区领导或区直部门群。各单位根据工作需要在服务站安排 1—2 名民事代办员，民事代办员按照"能立即办的马上办、要本人办的领着办、不需要本人办的代为办"的要求，第一时间作出反应处理。其三，村、社区层面：建立党员服务分站。由支部书记任站长，设一名专职代办员。对网格、组层面反映的问题及时交办，限时回复。对社区、村层面解决不了的问题及时上转区直部门乡镇街道服务群。每天安排社区、村干部现场受理，推行马上办、领着办、代为办的服务方式，主动到区、乡两级为群众代办事项，让群众在家门口就能享受到便捷高效的服务。其四，网格、村民小组层面：建立民事代办点，由村民小组长、网格长及热心公益的无职党员组成"政策宣传岗""民事代办岗"等，及时收集民意、集中民智、反映民情，形成"四位一体"的"线下"党员服务网络。

"党建 e+"模式的推进，一是便利了为民服务。"党建 e+ 综合服务平台"缩短了反映问题的流程和时间，群众反映的问题，各单位在"线上"第一时间安排专人负责办理。在"线下"，各单位落实"马上办""领着办"或"代为办",有效避免了群众因程序繁琐或不熟悉程序等造成的麻烦。比如,华峰社区居民刘兵在广州交社保 11 年,现想将社保转到怀化市,苦于不知如何转,通过微信群,华峰社区干部给他答复的非常清楚,刘兵非常满意。又如,在 2015 年汛期,凉亭坳乡在陆路不通的情况下,乡领导及时通过微信平台实时了解各灾害点及水库实时情况,通过水情等图片、文字信息,在协助防汛办迅速准确掌握水库运行情况的同时,也便于督查各单位防汛值班在岗情况,一举两得,使得防汛指挥决策更加科学有效。二是增强了互动交流。群众通过"线上点单",可以表达自己的诉求想法、意见建议;也可以通过"党建 e+ 综合服务平台"与各级干部交流沟通,拓宽了群众直接反映问题的渠道。现在市民只要是需要政府服务的事项,都可以随时随地通过微信群或公众号、微网上留言反映、上传现场照片,相关职能部门第一时间派人进行处理,真正使市民参与到城市管理中来。同时,通过该平台,党组织可以随时掌握党员干部的学习工作和思想动态,及时答疑解惑,建立起互相沟通的桥梁,实现了基层党建工作由"单边灌输"向互动交流的转变。三是改进了干部作风。通过这种形式,增加了干部工作的透明度,把干部职工工作晒在群里,无形中的百姓监督给干部职工增强了工作的压力。促使相关干部不得不一件一件抓落实,一项一项抓答复,切实把群众的诉求办实办好。另一方面,通过微网和公众号发布党风廉政建设文件、会议精神、典型案例等,将廉政建设延伸到各层面,时刻敲响警钟,让廉政文化在党员干部中入耳、入脑、入心。群众普遍反映，党员干部的作风比以前更务实了！截至目前，鹤城区通过"党建e+"收集大量群众诉求，办结率超过90%，群众满意率超过97%。下一步，怀化市将在全市街道社区推广鹤城区"党建e+"模式，进一步拓宽党员直接联系服务群众的渠道，更加快捷高效地联系、服务群众。

第三章
"四跟四走"精准扶贫的理论创新意义

第一节　简政放权，做实、做强、做活乡级政府，对深化农村管理体制改革的创新意义

一、完善社会管理制度，带来精准扶贫的社会创新机制

到中国共产党成立 100 周年，中国将全面建成小康社会。这是党的十二大以来所确定的一个战略目标。为实现这个目标，历届党和政府都高度重视，投入了巨大的人力、物力和财力，实施扶贫攻坚计划。但到目前为止，全国尚有 7000 万贫困人口。为什么扶贫任务还如此艰巨，问题的关键是什么？湖南省怀化市委书记、市人大常委会主任彭国甫认为是制度还不够完善，是制度的短板导致扶贫的"最后一公里"打不通，要打通扶贫攻坚的"最后一公里"，必须进行体制改革。所以，怀化市委、市政府大胆改革，简政放权，把有关民生的 51 项管理职能下放到乡镇，把乡镇做实、做强、做活，由此而引发了怀化市、县、乡、村生产关系的变革，致使"四跟四走"精准扶贫走上了一条符合生态文明时代发展的康庄大道。

恩格斯在《路德维希·费尔巴哈和德国古典哲学的终结》一书

中，曾经阐述"哲学革命是政治变革的前导"这一思想原则（《马克思恩格斯选集》第4卷，人民出版社1972年版，第210页）。中国改革开放也证明了没有政治体制的变革，经济体制变革也就难以发生。

对中国政治体制的改革，有些人认为中国改革开放只有经济体制的变革，而没有真正意义上的政治体制的变革，这种认识其实是错误的。因为，中国的改革开放首先是从政治体制开始的。真理标准大讨论，摒弃以阶级斗争为纲的思想路线，农村撤销政经合一的人民公社体制，实行以公有制为主体、非公有制经济共同发展的经济体制，这些都是中国改革开放时期的政治体制改革的坚实内容。没有这些政治体制改革的措施和内容，也就没有中国经济体制的改革和发展。

同样如此，今天要实现小康社会，要精准扶贫，精准脱贫，同样首先要在机制上和体制上做文章。因为，制度的短板局限了经济的发展，局限了精准扶贫的发展，全面建成小康社会的最后一公里打不通，主要是体制上的原因，而不是经济上的原因。单纯的从经济上去寻找精准扶贫的原因，是找不准原因的，也难以从根本上解决问题。只有从制度上、从体制上去寻找精准扶贫的方法，才有可能抓住事物的根本。湖南省怀化市精准扶贫首先是从制度上、从体制上去寻找切入点、突破口，就是牵住了"牛鼻子"。完善体制和制度，精准扶贫的矛盾就迎刃而解了。

二、怀化市"四跟四走"精准扶贫，实行简政放权，补齐短板，对农村体制改革具有开拓性的创新意义

1. 找准了精准扶贫"最后一公里"的矛盾所在。这就是制度的短板局限了精准扶贫的"最后一公里"。

2. 简政放权，完善了制度的短板。变群众上门找政府办事为政府上门为群众办事，且乡镇有职能、有职权为群众办事。

3. 怀化市、县、乡、村制度与体制的变革，带来了生产方式的转变。

有什么样的生产关系就有什么样的生产方式。马克思指出："各种经济时代的区别，不在于生产什么，而在于怎样生产，用什么劳动资料生产。"(《马克思恩格斯全集》第23卷，人民出版社1972年版，第204页)怀化市随着乡镇体制与机制的变革，农村出现了新的集体经济。这种新的集体经济形态符合社会主义特征，适应了新常态历史时期农村经济的新发展，具有信息化、网络化、生态文明时代农村经济新发展的新的时代特点。

湖南省怀化市新的集体经济组织形式，是由拥有农村家庭联产承包责任制权利的农户，采取承包权与经营权分离，将经营权入股，自愿组合的股份制企业，因而与中国20世纪中期的合作社、人民公社有着根本的不同。这种改革开放30多年后期的新的经济组织形式的出现，与改革开放前期30年的生产方式也有着根本的历史区别。这就是从农村个体生产方式的经济形态自愿向新的集体经济生产方式的转变。这是生态文明时代、信息化时代农村经济新的时代特点。这也是对社会主义制度的一种不断完善的过程。中国的改革开放就是对中国社会主义制度的不断完善。

有的人之所以会认为中国的改革开放没有政治制度改革，就是没有认识到中国的改革开放不是要推倒社会主义制度重来，而是对社会主义制度的不断完善。只有认识到改革开放就是对社会主义制度的不断完善的过程，我们才有可能认识到不断完善社会主义的制度，弥补社会主义制度的短板，就是改革开放。从这个意义上说，怀化市的"四跟四走"精准扶贫，就是一场新的改革开放的开始。

怀化市"四跟四走"精准扶贫，推行简政放权，不是一时的冲动所为。因为"历史的进程是受内在的一般规律支配的"，"历史事件似乎总的说来同样是由偶然性支配着的。但是，在表面上是偶然性在起作用的地方，这种偶然性始终是受内部的隐蔽着的规律支配的，而问题只是在于发现这些规律。"（《马克思恩格斯选集》第4卷，人民出版社1972年版，第243页）湖南省怀化市"四跟四走"精准扶贫中所体现出来的体制改革、集体经济的新集合的历史性规律，也不是偶然出现的历史现象，而是有规律可循的历史必然。

这种历史的必然就是从中国社会主义农村自身的发展规律所决定的。

1957年，中国农村超前推行了农村合作社，再到高级农村合作社、人民公社，实行"一大二公"的生产方式，这种生产方式由于"剪刀差"的存在，实际上是束缚了农村经济的发展。这种以革命的名义推行的集体经济组织，生产关系不和谐，必定带来生产方式的不协调。所以，改革开放初期生产方式的转变，首先是从调整生产关系开始的。农村实行生产责任制，经济体制以公有制为主体、多种经济成分共同发展也就成为了历史的可能。1978年改革开放，撤销了人民公社这种政治经济合一的体制，把农业的生产权和消费权交还给农民，极大地解放了农村生产力的发展。经过改革开放30多年的发展，农村经济发生了翻天覆地的变化。随着科学技术的进步，随着信息化时代的到来，农村经济再实行个体经济的生产方式，已经远远不适应现代农业和农村经济的发展。农业集约化生产，规模化经营，已经成为现代农业发展的新趋势，在这样的时代背景下，农民承包的土地责任制不变。但是，以自己承包的土地作为生产资料加入集体化生产，组成股份制公司，这样，新的生产关系产生出新的生产方式，实行农业的现代化生产，这种生产关系与生产方式，适应了信息化时代与生态文明时代的发展，与59年前的集体经济的合作社无论是内容还是形式，都有着根本的区别。第一，59年前的集体经济，农民的土地是上交给集体。而现在的土地承包责任权还是归农民所有。第二，现在的集体经济是以发展经济为目标的，个人是有经济股份和权利的。收益多少，分配多少，农民都明明白白。而59年前的集体经济却是集体所有，个人没有经济的支配权。"一平二调""剪刀差"，人民公社把集体的收益变为国家的利益，农民成为经济的受损者，导致生产效益越来越低。第三，适应时代与农民利益的生产方式与生产关系的新的集体经济，前景看好。这是与人民公社时期的生产方式和生产关系截然不同的形式与内容。

2016年4月27日，习近平总书记在安徽考察精准扶贫时指出："中国要强农业必须强，中国要美农村必须美，中国要富农民必须富。要坚持把解决好'三农'问题作为全党工作重中之重，加大推进新形势下农村改革力度，加强城乡统筹，全面落实强农惠农富农政策，促进农业基础稳固，农村和谐稳定，农民安居乐业。"这说明怀化市通过精准扶贫推进农村社会制度的改革，推进生产方式的转变，推进农村城镇化进程，推进基层党支部建设，推进农村综合治理一体化，完全符合习近平总书记的重要讲话精神。从这个意义上讲，怀化"四跟四走"精准扶贫的意义对全国而言，也就具有了普遍的意义。所以，实施精准扶贫，完成全面建成小康社会的历史使命，实质上就是推进全面深化改革。怀化市的简政放权，下放管理职能，创新当代农村管理体制改革的意义，对全面深化农村体制改革，是一种积极的促进，也是一种可以复制和推广的经验。

湖南省扶贫办党组书记、主任王志群认为："怀化市'四跟四走'精准扶贫的经验和探索，虽然是湖南省一个区域的具体实践，但是，对于全国全省的扶贫工作来说，却是具有普遍意义的。因为，它不是就扶贫抓扶贫，而是以精准扶贫为平台、为抓手、为推手，真正实现了以脱贫攻坚统揽经济社会发展全局。"怀化市"四跟四走"精准扶贫推动了生产方式的改变，推动了乡镇机制的改革推动了农村城镇化的进程，并带动了其他各方面的综合配套改革。如公安以及社会治理方面的改革、乡村党支部建设、金融体制的改革、社会信息化、网络化建设等。这不仅仅是怀化一个地方的工作问题，同时，这也是国家的共同大事。而且，怀化市在"四跟四走"精准扶贫实践中所推行的"六小一中心"，把乡镇做强、做实、做活，都是可以复制、可以推广的体制建设的模式。这也足以说明"四跟四走"精准扶贫的意义不仅仅是扶贫工作，而是社会、政治、经济全面发展的具有全局性和战略性的大局工作。所以，我们要把"四跟四走"精准扶贫的工作，上升到国家治理的高度，上升到国泰民安的高度来深入推进，扎实落实。

怀化市"四跟四走"精准扶贫的实践创新，既有现实体制创新的意义，也有理论创新和思想创新的意义。既值得我们在第一线工作的同志借鉴发扬，也值得从事理论研究工作的同志深入实际，总结探讨规律性的经验，以指导我们全面深化改革的实践。这是怀化市"四跟四走"精准扶贫在体制改革创新上为我们所提供的经验之一。

第二节　新集体经济，对转变农村
社会生产方式的创新意义

一、中国社会主义历史时期农村的两种经济形态

怀化市"四跟四走"精准扶贫实践中出现了五种新的生产方式，这些生产方式都集中地体现了一个显著的特点，就是新集体经济的经济形态。这种集体经济的新集合，是生态文明时代、信息化时代所呈现的社会主义性质的新的经济形态，这是历史发展必然。

中国社会主义农村经济形态经历了两种形态和历史时期。

第一种经济形态——集体经济形态的合作社、高级合作社、人民公社。这种形态是与以阶级斗争为纲的思想路线相匹配的，也是从个体经济转化而来的。

第二种经济形态——家庭联产承包生产责任制。

1. 第一种经济形态形成的历史渊源与过程

1949年，新中国成立初期，全国实行的是多种经济成分共同存在和发展的局面。在农村，个体经济生产单元普遍存在。土改后，分到土地的农民生产积极性空前高涨，农业连续丰收。这种经济发展的局面，保证了新中国政权的稳定，为抗美援朝的胜利奠定了坚实的物质基础。

1951年，部分省市土改结束。东北地区是土改完成较早的地区，就已经出现了生产互助组、互助社等经济组织。1951年10月17日，毛泽东以中共中央名义，向中央各分局、各省市区党委以及各地委发出通知，指示"逐步发展农业互助合作组织"。

这个通知引导的方向就是集体经济的发展方向。因为，国营农场的示范作用就是集体经济的方向。只不过是生产关系由私有经济转变为集体经济所有制。

毛泽东提到的要发一个关于农业互助合作运动的文件。这个文件中共中央于1951年12月15日以草案形式下发到各级党委试行。1953年2月15日中共中央做了部分修改以后，通过成为正式决议，于1953年3月27日在《人民日报》发表。决议指出，在我国农村完成土地改革以后，必须按照自愿和互利的原则，积极领导农民走互助合作的道路。决议规定了合作互助运动的三种主要形式，即临时互助组，常年互助组和以土地入股为特点的农业生产合作社。(《建国以来毛泽东文稿》第五册，人民出版社1991年版，第262页)

据统计，1951年3月，全国农业合作社为300个。1953年年底，农业合作社增加到14000个，增长46倍。1954年，全国农业合作社发展到10万个，为上年的7倍多。1955年6月底，全国农业合作社为65万个，年底，增加到100万个。与此同时，国营农场1957年发展到3038个，耕地面积达到1687万亩。

1955年7月31日，毛泽东在全国省市区党委书记会议上发表了《关于农村合作化问题》的讲话。毛泽东指出："我党中央是怎样决定在中国进行农业合作化的呢？"

"第一，它是准备以十八年的时间基本上完成这个计划的。""我们准备在这个时间内，同基本上完成社会主义工业化、基本上完成手工业和资本主义工商业的社会主义改造的同时，基本上完成农业方面的社会主义改造。这是可能的吗？苏联的经验告诉我们，这是完全可能的。"(《建国以来毛泽东文稿》第5册，中央文献出版社1992年版，第251页)

"第二，我们在农业社会主义改造方面采取了逐步前进的方法。第一步，在农村中，按照自愿互利的原则，号召农民组织仅仅是带有某些社会主义萌芽的、几户为一起或者十几户为一起的农业生产互助组。然后，第二步，在这些互助组的基础上，仍然按照自愿和互利的原则，号召农民组织起以土地入股和统一经营为特点的带有半社会主义性质的农业生产合作社。然后，第三步，才在这些小型的半社会主义的生产合作社的基础上，按照同样的自愿和互利的原则，号召农民进一步地联合起来，组织大型的完全社会主义性质的农业生产合作社。"（《建国以来毛泽东文稿》第 5 册，中央文献出版社 1992 年版，第 252 页）

1955 年 12 月 27 日，《中国农村的社会主义高潮》一书出版。毛泽东为该书作序，并为该书介绍 104 个农村合作社的文章撰写了按语。该书直接推动了农村合作社的发展。

1955 年 12 月 21，毛泽东在杭州和天津分别与 14 个省市书记和内蒙古自治区党委书记共同商定《农业十七条的意见》。《意见》指出："农业合作化的进度，1956 年下半年基本上完成初级社的建设工作，省、市、自治区（除新疆外）一级的指标以要求完成百分之七十五的农户入社为宜，让下面超过一点，达到百分之八十至八十五左右，合作化的高级形式，争取一九六零年基本上完成，是否可以缩短一年，争取一九五九年基本上完成。"（《毛泽东文集》，人民出版社 1999 年版，第 507 页）

《意见》强调的一条重要的内容就是农业合作化的进度。计划 1956 年下半年基本完成初级社的建社工作。1960 年完成高级社的建社工作。

1956 年 1 月 25 日，毛泽东在最高国务会议第六次会议上讲话时指出："社会主义革命的目的是为了解放生产力。农业和手工业由个体所有制变为社会主义的集体所有制，私营工商业由资本主义所有制变为社会主义所有制，必然使生产力大大地获得解放。这样就为大大地发展工业和农业的生产创造了社会条件。"（《建国以来毛泽东文稿》第 6 册，中央文献出版社 1992 年版，第 22 页）

"在我国的条件下，用和平的方法，即用说服教育的方法，不但可以变个体的所有制为社会主义的集体所有制，而且可以改变资本主义的所有制为社会主义所有制。"（《建国以来毛泽东文稿》第 6 册，中央文献出版社 1992 年版，第 22 页）

1956 年 6 月 30 日，第一届全国人民代表大会第三次会议通过《高级农业生产合作社示范章程》。国家主席毛泽东下达了关于公布该项章程的命令。

1958 年 8 月 24 日，中共中央政治局北戴河扩大会议讨论通过了《中央关于建立人民公社问题的决议》。至此，原计划高级社用 18 年时间完成，后来计划提前到 1960 年基本建成。现在却是已经提前两年完成。

人民公社完全是在毛泽东的规划之中一步一步向前推进的。由私有制为基础的农村初级社到以集体经济为体制的高级社的建立，完成了农业社会主义的改造。

关于人民公社的构想，毛泽东是这样设计的："我们的方向，应该逐步地有次序的把工（工业）、农（农业）、商（交换）、学（文化教育）、兵（民兵，即全民武装）组成一个大公社，从而构成我国的基本单位。"（《建国以来毛泽东文稿》第 7 册，中央文献出版社 1992 年版，第 317 页）

毛泽东的这种共产主义理想一直是他心中理想的自由王国。

早在青年时代，毛泽东在岳麓山就办过自给自足的农村合作社。人民公社的实现，实际上就是他青少年时期理想在新中国的实现。

毛泽东在人民公社建立之后的发展方向上思想也是很清晰的。毛泽东指出："人民公社建立之后，不要忙于改集体所有制为全民所有制。在目前还是采取集体所有制好。"(《建国以来毛泽东文稿》第 7 册，中央文献出版社 1992 年版，第 360 页)"人民公社应当按照满足社会需求的原则有计划地进行生产。既要发展直接满足本社需要的自给性生产，又必须尽可能广泛地发展商品性生产。这种商品生产，通过商品交换，既可以满足社会日益增长的需要，又可以换回等价物资，满足本社生产和社员生活上日益增长的需要。在商品流通过程中，价值、价格和货币仍然将起它们的积极作用。"(《建国以来毛泽东文稿》第 7 册，中央文献出版社 1992 年版，第 508 页)

假如人民公社能够按照价值规律、按照经济发展规律稳步的发展社会主义商品经济，中国社会主义建设就将是另外的一个新天地了。

但是，毛泽东对人民公社过于理想化了。

第一，将农民的土地和私有财产过早加入到集体合作社，变私有经济体制为集体经济所有制，违反了社会发展的规律。马克思认为，在共产主义社会和资本主义社会之间，还存在着一个过渡期。这就是社会主义社会的历史时期。列宁认为社会主义是共产主义的初级阶段。这个初级阶段，社会主义从旧社会脱胎而来，不可避免地还带有资本主义的各种痕迹和因素。列宁认为，社会主义不学习和继承资本主义的文化成果，就建不成社会主义。马克思认为新社会的产生，只能在旧社会的胚胎里产生。所以，新的社会与旧的社会是不能一刀切断的。新旧社会的交替更生是一个复杂的重生过程，有一个相当长的历史阶段。马克思在《资本论》中强调："无论哪一个社会形态，在它们所能容纳的全部的生产力发挥出来以前，是绝不会灭亡的。而新的更高的生产关系，在它存在的物质条件在旧社会的胚胎里成熟以前，是绝不会出现的。"(《马克思恩格斯全集》第13卷，人民出版社1972年版，第9页)

而在毛泽东看来，"实际上，人民公社的集体所有制中，就包含有若干全民所有制的成分了。这种全民所有制，将在不断发展中继续增长，逐步代替集体所有制。由集体所有制向全民所有制过渡，是一个过程，有的地方可能较快，三、四年内就可以完成，有的地方，可能较慢，需要五、六年或者更长一些时间。"(《建国以来毛泽东文稿》第7册，中央文献出版社1992年版，第360页)历史证明，1949年制定的《中国人民政治协商会议共同纲领》是符合历史发展规律的。但是，毛泽东执政时期的中国共产党把这个时间大大缩短了。把一个不能逾越的长时间的历史阶段，缩短到几年时间，原定是十八年完成社会主义农村改造，后来又提前到1960年完成(《毛泽东文集》第6卷，人民出版社1999年版，第507页)，而实际完成时间却只有几年时间。历史事实证明，这种超前的运动是失败的，是违背"历史逻辑"的。马克思在《资本论》中强调"历史与逻辑相统一"，要求理论上前后一贯的形式是客观现实的历史过程的反映。而人民公社化运动建国后很快的就剥夺了农民"耕者有其田"的基本生存权利，令农民难以心服和接受。二是"一大二公""一平二调""剪刀差"把人民公社的自主经营权和消费权也剥夺了，导致农民的自主权和消费权受到损害，局限和束缚了农民的生产积极性。这种运动实际上是不符合历史规律的。因为，历史的客观发展有其自身的规律，是不能够人为地拔苗助长的。在一个没有经过资本主义充分发展的国家，生产关系很快就从半封建半殖民地社会一步就跨入完全的社会主义社会，无异于一个儿童肩负一百斤的重担。我们完全相信共产主义社会一定会实现。但是，这需要长期的艰苦奋斗，需要几十代人、甚至上百代人的努力。而中国社会主义的实践，在几年之内，就实现了一个历史时代的跨越，历史逻辑与人类认识的历史发展是不一致的，历史逻辑与客观现实过程也是不一致的。因为，农民的社会主义觉悟应该是一步一步认识提高的，生产关系也应该是一步一步从低级向高级形式发展的。没有这个历史过程的发展，就是失去平衡的历史，就是不和谐的历史。

第二，人民公社运动和农村社会主义改造运动是与以阶级斗争为纲的路线相辅相成的。实践证明，以阶级斗争为纲的思想路线也是不符合中国社会主义建设历史时期发展的。

1951年，土改开始，农村初级社就开始出现。

1952年，中国抗美援朝取得了决定性胜利。土改基本结束，农村合作社进一步发展。

1953年，中国开展"三反""五反"运动基本结束，新生的政权取得了决定性胜利。农村初级社向高级社过渡。

1953年至1957年，第一个五年计划开始实施。与此同时，农村合作化运动开始全面兴起。

1957年，反右派运动开始。农村合作化进入高潮。

这种把经济发展与政治运动紧密相结合的生产方式，就是用革命的方法来抓生产，来促进经济的发展。用毛泽东的话来说，就是"抓革命，促生产"。实践证明，这种方法也是不对的。因为，经济发展有经济自身的规律要遵循，同时，也要遵循价值规律，而不能用战争年代的革命方法来抓经济生产。

第三，农村合作社本体是一个经济组织，发展到高级合作社以及人民公社，也应该是一个经济组织。但是，合作社从初级社到人民公社，却变成了一个政治经济合一的社会组织。按照毛泽东的解释，人民公社是党政军民学都有，工农商学兵全覆盖，这样人民公社实际上就成了"共产主义是天堂"的实验田。理想很美丽，但是，客观的现实很残酷。由于全民大炼钢铁，生态受到破坏，人民公社成立没有多久，就出现了大饥荒事件。1958年的庐山会议上，彭德怀为民鼓与呼。1962年，在七千人大会上，刘少奇指出这是三分天灾，七分人祸。毛泽东在大会上也承认了错误。这些都是对人民公社的一种事实上的否定。

正是因为人民公社，实行"一大二公""一平二调"的生产方式，这种生产方式由于"剪刀差"的存在，实际上是损害了农民的利益，束缚了农村经济的发展。这种以革命的名义推行的集体经济组织，生产关系不和谐，必定带来生产方式的不协调。

人民公社虽有其历史的缺陷，但是，也有历史的客观的积极作用，这就是用牺牲农民的利益作为代价，换取了中国社会主义工业化的高速发展。没有中国农业对工业的支持，中国工业的发展就不会这样的"多快好省"。中国完整的工业体系的构建，是以农业、农民的利益和付出为基础的。任何时候，我们都不能忘记"三农"问题。但是，这种模式毕竟难以长久持续发展下去。十年"文化大革命"，导致中国工业和农业都陷入政治的泥潭，"宁要社会主义的晚点，不要资本主义的准点""宁要社会主义的草，不要资本主义的苗。"这些时代的经典口号印证了一个用革命的思想和方法来搞经济建设的历史。历史证明，这种不尊重价值规律和经济发展规律来进行社会主义建设是不合时宜的。

2.第二种经济形态形成的历史渊源与过程

由于人民公社的经济形态超越了历史发展规律的时空，改变这种超前的生产发展方式成了中国改革开放的必然选择，成为了历史前进的火车头。这就是以大包干形式的农村家庭联产承包责任制。这种生产方式从集体生产方式到个体单干的生产方式。在生产方式上的调整是一种退步，但是符合历史的现实发展状况，解放了生产力，促进了生产力的发展。所以，中国改革开放初期出现的农村生产责任制是社会主义历史时期农村出现的第二种经济形态，这种经济形态和生产方式改革开放初期最早出现在安徽省凤阳县小岗村。

1978年春天，凤阳县小岗村的18位农民以"托孤"的方式，冒着极大的风险，立下生死状，在土地承包责任书上按下了红手印，承诺今后要是"包干到户"引发的麻烦，甚至坐牢，谁家出事坐牢，全村集体负责这家人的生活、生产。由此拉开了中国农村改革的序幕。

1977 年，万里担任安徽省委书记。新华社安徽分社社长张广友与万里一起下乡调查研究，发现农民吃不饱是一种普遍的现象。万里说："搞社会主义饭都吃不饱，这叫什么社会主义？"种粮的吃不饱饭，原因是什么？原因就是当时农村的生产方式局限了农民的生产积极性。张广友是中国人民大学农村经济专业毕业的新华社高级记者，长期从事农业经济报道。20 世纪 60 年代曾经在农村参加社会主义教育运动。对农民、农村经济有着长期、深刻的研究。他和万里经过调查，一致认为，要改变当时农村生产力低下，农民生活困苦的局面，只能从改变农村生产方式入手。

小岗村的做法引起了万里的兴趣，他和张广友以及吴象等人，去小岗村考察，坚决支持小岗村的做法，并在全省推广小岗村的"包干到户"生产方式。

大包干结束了凤阳县 600 年的讨饭历史。安徽、四川等省因为农村改革也成了全国农村改革的排头兵。

但当时这种做法受到责难，被认为是复辟资本主义，与社会主义相差甚远。1980 年 1 月，国家农委在北京召开了全国农村人民公社经营管理会议。1 月 31 日向中央政治局汇报，有不少人持反对态度，家庭联产承包责任制承受到压制和批判。

时任中共中央秘书长的胡耀邦对安徽是熟悉的。1961 年，在连续三年饥荒期间，许多地方出现吃树皮草根，甚至吃"观音土"

的情形。三年中全国最低估计是饿死了 3000 万人以上。发现事态严重后,毛泽东派出工作组到各省访查。时任团中央第一书记的胡耀邦去安徽后写了一个报告,承认安徽一地饿死 300 万人。此报告震惊党中央,因为这是一个讲真话的报告。

听到安徽改变了讨饭的历史,胡耀邦高兴地说:"要吃米,找万里。"对万里同志给予了极大的支持。

"无农不稳""心中有粮,遇事不慌"一直是中国的政治经济传统。"文化大革命"以及"左"的思想路线造成的直接危害就是农民吃不饱肚子,城市商品粮供应持续短缺。为什么农业生产水平会这样低下?主要是政策不对头,"文化大革命"中大批资本主义,割资本主义尾巴,严重打击了农民的生产积极性,极大地束缚和破坏了生产力的发展。

1978 年 11 月 16 日,在党的十一届三中全会前召开的中央工作会议上,时任中央组织部部长的胡耀邦在西北组发言中,就大声疾呼:"农业的加速发展是加快现代化进程一个决定性的环节。"他尖锐地指出:"笼统地说集体就是好,是抽象的分析方法;如果集体经济办得不好,就不能充分发挥农民的积极性,那就根本没有什么社会主义的优越性。"他特别强调:"劳动者的积极性,永远是社会生产力发展的最基本因素。"(《胡耀邦思想年谱》(上卷),香港泰德时代出版有限公司 2007 年版,第 242 页)

1979 年 1 月 4 日,时任中纪委第三书记并兼任中央秘书长的胡耀邦在出席中央纪律检查委员会第一次全体会议上指出:"这十几年农业生产没有搞好,去年进步也不大,主要是政策不对头,最大的问题就是大批资本主义批坏了,把社会主义农业政策破坏了。什么是资本主义,什么是资本主义尾巴,分不清。在我看来,今年真正要把政策扭转,生产队有了自主权,集体的和个人的积极性就能调动起来,没有积极性,搞什么生产!"(《胡耀邦思想年谱》(上卷),香港泰德时代出版有限公司 2007 年版,第 284 页)

为了全面解决全国农业政策限制农民生产积极性的这个矛盾,为了把政策搞对头,调动农民的生产积极性,有效地转变农村生产方式,党中央对农村体制改革倾注了满腔热血,推动了农村生产责任制的实行。

1979 年 1 月 11 日,经党的十一届三中全会原则通过并重新改写的中央《关于加快农业发展若干问题的决定(草案)》《农村人民公社工作条例(试行草案)》(简称《六十条》)以及《中共中央关于地主富农分子摘帽问题和地富子女成分问题的决定》三个文件正式发布。这是党的十一届三中全会后第一批纠正农业战线"左"的文件,是中央从全局开始突破传统农村体制的文件。胡耀邦非常看重这一点,他兴奋地指出:"搞了农业两个文件,对农业发展理出了一个眉目。"

1979 年年初,中央关于农业问题文件下发之时,万里、赵紫阳领导安徽、四川农民开创各种联产承包制如火如荼之际。特别是安徽农村家庭联产承包制已经取得重大成效,"包产到户""包干到户"势不可挡,从滁县、凤阳、肥西扩展到全省,并开始在全国许多村庄蔓延开来。"要吃米找万里,要吃粮找紫阳"一类的民谣,不胫而走，在中华大地广为流传。

但是，"左"的传统根深蒂固，即便是党的十一届三中全会的农业文件，也不免拖着"左"的"尾巴"："不许分田单干，不许包产到户"；一些人借势攻击行动起来的农民及其"后台"是"挂羊头，卖狗肉，嘴上说社会主义，实际干资本主义"。这种现象并不奇怪。因为党的十一届三中全会只是改革开放新时代的开始，一个历史的转折，一曲好戏的序幕。前进的路上还充满荆棘。

1979 年上半年，刚刚启动的农村体制改革经受着严峻的考验。有的人攻击农村改革为"资本主义回潮"；有的人指责是"比例失调"；有的人说"包干到户""违反宪法"（因为三级所有，队为基础已被写入宪法）。以此对抗中央文件精神。种种言行不一而足。曾任大寨支部书记的陈永贵就曾授意《山西日报》发表了题为《昔阳如何调动农民社会主义积极性》长文，不点名地攻击安徽农村改革，并扬言要连续发表 12 篇评论，对安徽"打排炮"。1979 年 3 月 15 日，《人民日报》也被迫在头版刊登了"读者张浩"来信，并根据新任农委主任的批示写了"编者按"，指责农民"包工到组"动摇了"三级所有队为基础"，在全国农村引起轩然大波。

实践证明，没有党的十一届三中全会确立的改革政策，就没有高涨的农民的积极性。农民和干部产生的怕变心理，不是没有根据的。因为，不少握有权柄的人（包括因党的十一届三中全会而获解放上岗不久的一些人）正起劲地攻击着党的十一届三中全会的思想路线和经济政策，攻击农民的改革创举。党中央强调的进一步调动农民积极性，继续落实政策，就是强调沿着三中全会所开辟的改革道路继续前进。而首先要解决的就是"管理方法、管理体制、自主权等等"。

1980年5月31日，邓小平对农村生产责任制表明了态度。他在与胡耀邦、姚依林、万里等书记处书记谈话时，在谈到当前的农村政策的时候，肯定了凤阳县包产到户的做法，他说："总的说来，现在农村工作中的主要问题还是思想不够解放。"(《邓小平文选》第二卷，人民出版社1993年版，第316页）邓小平在农村改革关键时刻的讲话，推动了农村联产承包责任制沿着正确的方向前进。从那时起，胡耀邦与赵紫阳、万里等就这个问题不断交换意见。

1980年9月14日至22日，中共中央在胡耀邦总书记主持下召开各省、市、自治区党委第一书记座谈会，着重讨论加强和完善农业生产责任制问题。关于"包产到户"的问题，在会上引起很大的分歧和争论，被称作"阳关道和独木桥"之争。最后大会写出纪要《关于进一步加强完善农业生产责任制的几个问题》，中央于9月27日发了《通知》，作为1980年中央"75号文件"下发。《通知》指出："中央同意纪要的各项意见……望及时组织传达讨论，澄清思想，统一认识，结合当地具体情况贯彻执行。"

《纪要》充分肯定了党的十一届三中全会以来各地建立的各种形式的农业生产责任制，有效地调动了农民的积极性。……农村形势越来越好。

《纪要》要求"加强和完善农业生产责任制，在不同的地方，不同的社队，要根据实际情况，采取各种不同的形式，不可拘泥于一种形式,搞一刀切"。

《纪要》对会上"包产到户"问题的争论,多少采取了妥协、折衷的态度。一方面似乎有限制地提出:"在边远山区和贫困落后地区,群众要求包产到户的,应当支持群众的要求,可以包产到户,也可以包干到户"。另一方面又提出,非边远山区、贫困落后地区"已经实行包产到户的,如果群众不要求改变,就应该允许试行"。改变了"两个不许",比一个"不许"、一个"不要"大大前进了一步。

这样,不管怎么说,争论近两年的有关"包产到户"问题,即"阳关道"与"独木桥"的争论,总算有了初步的结论,政策上有了规定,人称"包产到户落了户"。

1981年12月,万里主持召开了第一次全国农村工作会议。各地传来的消息,几乎都是"队不如组,组不如户,不包到户稳不住",小组讨论中越来越多的人发出呼吁,"应当给包产到户上一个社会主义的户口"。书记处几次讨论审查文件,最后通过时已经来不及在年内发出,只能作为1982年的一号文件了。

1982年1月1日发出的"中发【1982】1号"文件,是《中共中央批转〈全国农村工作会议纪要〉》。

第一个一号文件最关键的一句话是:"目前实行的各种责任制,包括小段包工定额计酬,专业承包联产计酬,联产到劳,包产到户、到组等,都是社会主义集体经济的生产责任制,不管采取什么形式,只要群众不要求改变,就不要变动。""它不同于合作化以前的小私有的个体经济,而是社会主义农业经济的组成部分。"这个文件发布后，到 11 月统计，全国实行"双包"的生产队占到 78.8%。1982 年的农业总产值比上年增加 11.2%。

第一个一号文件正式承认包产到户的合法性。给"包产到户"上了社会主义的"户口"，受到亿万农民热烈的拥护，欢呼"吃了定心丸"。胡耀邦对这件事特别高兴，连说最好每年来个一号文件，以显示其连续性、重要性和权威性。这真是万里求之不得的事情，"地方粮票"终于变成"全国粮票"了。第一个一号文件奠定了中国农村改革的基础，为中国农村改革确定了基本方向。此后的四个一号文件都是在这个基础上发展起来的。

连续五个一号文件从此开始了。五个一号文件成了农村改革最重要的标志。

1983 年 1 月 2 日发出的"中发【1983】1 号"文件，即《当前农村经济政策的若干问题》。这个文件中，把大包干、包干到户、包产到户等提法统改为"家庭联产承包责任制"，这是胡耀邦概括归纳出来的。文件把联产承包责任制肯定为"伟大创造""马克思主义的新发展"。结果，1983 年这一年的农业生产获得了创纪录的丰收，农副业商品性生产蓬勃发展。

1984 年 1 月 1 日发出的"中发【1984】1 号"文件，是《中共中央关于 1984 年农村工作的通知》。文件主要内容是疏通流通渠道，以竞争促发展；推动农村商品经济发展。强调稳定和完善联产承包责任制，规定土地承包期一般应在 15 年以上，生产周期长的和开发性的项目承包期应更长些。在这个文件发出之前的 1983 年 12 月 22 日，胡耀邦在书记处讨论审议来年的一号文件时指出："不能把眼光只放在18亿或者20亿亩土地上，只把眼睛放在粮食上。必须要逐渐从耕地的狭小范围内一步一步地、积极地冲出来，离土不离乡。冲出来干什么呢？第一是各种各样的养殖业，第二是开发业，第三是山林业，第四是加工业，特别是饲料工业、食品工业，第五是运输业，第六是服务业，第七是建筑业，第八是采矿业。门路不是一项两项，要一步步做到本世纪末或者下世纪初，从事种植业的人达到三亿左右，占30%的样子。"（《胡耀邦思想年谱》（上卷），香港泰德时代出版有限公司2007年版，第949页）

如果说前两个"一号文件"着力解决农业和农村工商业微观经营主体问题，那么，此后的"一号文件"则要解决发育市场机制的问题。此前20多年，农村实行统购派购制度，除了对粮、棉、油三项实行统购，还对生猪、鸡蛋、糖料、桑丝、蚕茧、黄红麻、烤烟、水产品等实行派购，品种多达132种，几乎包括了所有的农副土特产品。事实上，农村产品交易均由国营商业高度垄断，而资金、土地、劳动力流动又受到多重限制。

中央"一号文件"下达以后，农村改革蓬勃发展，农民温饱问题解决了。但是，许多农村丰产不丰收，关键是商品流通不畅。为了促使农民早日富裕起来，胡耀邦提出"要保护专业户，支持专业户，发展专业户"。（《胡耀邦思想年谱》（上卷），香港泰德时代出版有限公司2007年版，第949页）胡耀邦还提出，要稳妥地、有步骤地彻底改革统购统销制度，让农民自由自主地出售自己的产品，包括到外地贩卖多余的粮食。胡耀邦对于当时有人把从事商业贩运的农民称为"二道贩子"很是反感，在一次小型座谈会上胡耀邦说："什么二道贩子？是二郎神！是沟通城乡、搞活经济的二郎神！"（《胡耀邦思想年谱》(上卷)，香港泰德时代出版有限公司2007年版，第761页）

1984年12月召开了全国农村工作会议。主持会议的万里在讲话中强调了胡耀邦支持农民进入商品流通市场，取消农村统购统销的思想。万里说："应当善于运用价值规律同农民打交道，逐步改革原来的统购统销制度。"会上赞成先取消粮食、棉花的统购，改为合同定购；生猪、鱼等水产品和蔬菜也要逐步取消派购；其他统派购产品，也要分品种、分地区逐步放开；继续贯彻决不放松粮食生产、积极发展多种经营的方针，大力帮助农民调整产业结构，扶持专业户；要积极扩大城乡经济交往，进一步疏通流通渠道，发展小城镇。这次农村工作会议最后形成了《关于进一步活跃农村经济的十项政策》，于1985年1月1日以中共中央、国务院"中发、国发【1985】第1号"文件发出，为第四个"一号文件"。

随着四个一号文件的贯彻执行，农村经济大发展、大繁荣。有一些人感到农村发展的潜力已经用的差不多了，后劲不那么足了。农村再发展，难度很大。为了找到新的发展动力，胡耀邦不断深入农村调查研究。

1986年1月1日"中发【1986】1号"文件发出，这是第五个"一号文件"，也就是《中共中央、国务院关于一九八六年农村工作的部署》。当时，由于种种原因，部分农民种粮的积极性有所降低。文件强调，这个问题只能靠坚持改革、深入改革去解决，而

决不能遇到问题就退回到老路上去。主题是增加农业投入，调整
工农城乡关系。

这五个"一号文件"，对中国的农村改革起了根本性的推动作
用。连续五个"一号文件"显示党中央的心与亿万农民的心是紧密
相连的，显示中国改革开放思想是符合中国经济发展规律的。五
个"一号文件"成了农村改革最重要的标志。

1986年2月19日，在广西南宁召开的贵州、云南、广西三省
区书记、省长会议上，时任中共中央总书记的胡耀邦说："总的说
来，我国农业生产形势一年比一年有所好转，形式的发展超过了
许多同志的预料。农业形势发展快的主要经验是，党的十一届三
中全会以后七年来，我们迈了两大步：第一步，实行了各种形式
的农业生产联产承包责任制，给了广大农民以经营自主权。这是
非常勇敢的一步，两三年的时间就迅速扭转了我国农业长期停滞
不前的局面，使全国大多数地区解决了温饱问题。接着，走了第
二步，在经营方针上，从1981年起，实行'决不放松粮食生产，
积极开展多种经营，'改革农产品统派购制度，调整农村产业结构，
兴办乡镇企业，发展农业商品生产。这两步，都是中国农业改革
的重大决策。"(《胡耀邦思想年谱》(上卷)，香港泰德时代出版有
限公司2007年版，第1192页)

中国社会主义历史时期农村的第二种经济形态虽然是改革开
放时期的改革成果。但是，在建国初期，张闻天就提出了这一经
济形态适应于社会主义建国的初期阶段。张闻天指出："目前农村
的经济，主要是个体分散的、无组织的经营。党的方针是集体化。

过早提出农业集体化，会妨碍经济的发展。"(《张闻天文集》第 4 卷，中共党史出版社 1995 年版，第 1 页）1962 年，刘少奇、邓小平也支持过这种经济形态的存在和发展。所以，准确地说，第二种经济形态启蒙于社会主义建设初期的前 30 年，成熟、成型于改革开放的初期阶段，是与中国社会主义初期历史阶段相适应的生产方式。随着改革开放的深入发展，随着生产力水平的不断提高，这种生产方式随着时代的进步而进步，随着时代的发展而变化也是一种历史的必然。

二、"四跟四走"精准扶贫的新集体经济

1978 年改革开放，首先是从调整生产关系开始的。农村实行家庭联产承包责任制，撤销了人民公社这种政治经济合一的体制，把农业的生产权和消费权交还给农民。经济体制以公有制、集体制为唯一的主体，变为以公有制为主体、多种经济成分共同发展的经济体制。

改革开放极大地解放了农村生产力。经过改革开放 30 多年的发展，农村经济发生了翻天覆地的变化。随着科学技术的进步，随着信息化时代的到来，农村经济再实行个体经济的生产方式，已经远远不适应现代农业和农村经济的发展。农业集约化生产，规模化经营，已经成为现代农业发展的新趋势。在这样的时代背景下，湖南省怀化市实行"四跟四走"精准扶贫的新的生产方式，农民承包的土地责任制不变，但是，以自己承包的土地作为生产资料加入集体化生产，组成股份制公司，或者实行土地

流转，土地承包人获取土地的收益。这样，新的生产关系产生出新的生产方式，实行农业的现代化生产，这种生产关系与生产方式，适应了信息化时代与生态文明时代的发展，与59年前的集体经济的合作社无论是内容还是形式，都有着根本的区别。

第一，59年前的集体经济，农民的土地是上交给集体。而现在的土地责任权还是归农民所有。责任权与经营权分离。

第二，现在的集体经济是以发展经济为目标的，个人是有经济权利的。收益多少，分配多少，农民都明明白白。而59年前的集体经济却是集体所有，个人没有经济的支配权。"一平二调"，人民公社把集体的收益变为国家的利益，农民成为经济的受损者，导致生产效益越来越低。

第三，"四跟四走"精准扶贫新的集体经济形态适应了时代发展的需求，适应信息化时代、生态文明时代发展的需求。同时也改变了改革开放初期土地承包时期的生产方式与生产关系。土地承包责任制，是一种个体的经济生产方式和形态。生产关系是个体与集体的承包制，而"四跟四走"精准扶贫的生产关系却是集体经济与国家的关系。

第四，人民公社的生产方式和生产关系由于"一大二公""一平二调"，局限了生产力的发展。改革开放前期的家庭联产承包制由于是个体的经济发展，也适应不了现代化农业的发展需求。而"四跟四走"精准扶贫的新集体经济却是适应了现代化农业发展的需求，体现了生态文明时代经济生产的特点，因而具有广泛的前景。

习近平总书记指出:"扶贫要实事求是,因地制宜。要精准扶贫,切忌喊口号,也不要定好高骛远的目标。"(《人民日报》2013年11月5日)

2013年11月,习近平总书记到湘西考察时作出重要指示:"实事求是、因地制宜、分类指导、精准扶贫。"(《人民日报》2015年10月29日)首次提出了"精准扶贫"重要思想。

2014年9月29日,习近平总书记在中央全面深化改革领导小组第五次会议上指出:"现阶段深化农村土地制度改革,要更多考虑推进中国农业现代化问题,既要解决好农业问题,也要解决好农民问题。要在坚持农村土地集体所有制的前提下,促使承包权和经营权分离,形成所有权、承包权、经营权三权分置,经营权流转的格局。"习近平总书记强调:"积极发展农民股份制合作,赋予集体资产股份权能改革试点的目标方向,是要探索赋予农民更多财产权利,明晰产权归属,完善各项权能,激活农村各类生产要素潜能,建立符合市场经济要求的农村集体经济运行新机制。"(《人民日报》2014年9月30日)

2015年1月20日,习近平总书记在云南大理自治州古生村的村民李德昌家聊民生、问生计,指出:"农村要留得住绿水青山,系得住乡愁。"(《人民日报》2015年1月22日)

习近平总书记2015年7月18日在吉林视察时指出:"任何时候都不能忽视农业、忘记农民、淡漠农村。必须始终坚持强农惠农富农政策不减弱、推进农村全面小康不松劲,在认识的高度、重视的程度、投入的力度上保持好势头。要健全城乡发展一体化体制机制，加快建设社会主义新农村，走出一条集约、高效、安全、持续的现代化农业发展道路。"(《人民日报》2015年7月19日)

2016年4月27日习近平总书记在视察安徽省时指出："最大的政策，就是必须坚持和完善农村基本经营制度，坚持农村土地集体所有，坚持家庭经营基础性地位，坚持稳定土地承包关系。"(《人民日报》2016年4月29日)

2015年6月16日，习近平总书记在贵州遵义县枫香镇花茂村视察时指出："没有农民的小康就不是全面小康。"(《人民日报》2015年12月23日)

湖南省怀化市农村"四跟四走"精准扶贫出现的新的集体合作经济形态，实行生态移民，就地城镇化，农村土地实行所有权、承包权、经营权有法、有序、有利的分离。促进了农村生产力的发展。这说明怀化市农村"四跟四走"精准扶贫出现的新的集体合作经济形态，是符合生态文明时代现代化农业发展规律的。

三、"四跟四走"精准扶贫新集体经济的创新与跨越

1.对人民公社的扬弃与超越

人民公社从理论上说是社会主义革命的一种过程、一种实践。这种实践对于社会主义建设是有一定意义的。毛泽东是农民的儿子，对土地的感情至深，对农民的感情至深。毛泽东关心农业，制定了农业八字宪法。甚至对土地的耕种都细致入微。规定耕地要几尺深。可见，毛泽东对土地的挚爱，对农民的挚爱都是真诚的。至今有的人还认为人民公社是没有错的。今后还要回到人民公社的老

路上去。这种观念还有一定的市场。因为,有的农民还怀念人民公社,主要的原因是人民公社的集体经济涵盖了集体福利,如小学、中学、医疗室基本上都是免费的。毛泽东提出:"要把医疗卫生工作的重点放到农村去。"而现在,农民的教育和医疗负担却是很重的,也不十分方便。

"四跟四走"精准扶贫的新集体经济的出现,"六小一中心"的建立,与之配套的乡政府、学校、医院、文化中心都集中在乡政府周围,方便了农民群众。最重要的意义是新集体经济增加了农民的收入,解决了农民上学难、看病贵的后顾之忧。"四跟四走"精准扶贫新集体经济继承了人民公社集体经济的思想灵魂和理想,而放弃了人民公社不合时宜的生产方式。对人民公社而言,"四跟四走"精准扶贫的新集体经济也是一种扬弃与超越。

2. 对家庭联产承包责任制的继承和超越

家庭联产承包制的优越性是发挥了农民的生产积极性,促进了农业和农村商品经济的发展,局限性是家庭分散经营,难以形成规模经济效益,不利于农业科技水平的提高,千家万户的生产难以适应千变万化的大市场。特别是老少边穷地区,农民个体单元经济更是势单力薄。贫困户没有造血功能,年年扶贫年年贫。要脱贫,从根本上说,还是要创新农业的生产方式和变革农村生产关系。

有的专家学者认为,中国经济发展要实行完全的私有化才有出路。在农村,就要土地私有化,只有土地私有化,中国经济才会有发展,农村才会有出路。这种认识是完全错误的。因为,土地私有化，穷人会更穷。农民赖以生存的就是土地，土地就是农民的命根子。"耕者有其田"，是农民最基本的生存条件。所以，农村土地私有化是走回头路，是社会主义的大敌。贫穷不是社会主义。贫富悬殊更不是社会主义。

"四跟四走"精准扶贫的新集体经济是个体经济变为集体经济。土地的承包权还在农民的手中。土地的所有权还是集体所有。这就保证了社会主义的性质不变。土地的承包者把土地的经营权分离出来入股，可以分红，这就保证了农民基本的生存权。加上自己的辛勤劳动，农民就可以过上富足的生活。这种新集体经济不同于人民公社，那时农民没有土地的经营权，也就没有消费主权。也不同于家庭联产承包制，那时是单干，而现在却是集体的经济形态。怀化市"四跟四走"精准扶贫的新集体经济超越了过去的经济形态，走出了一条符合现代化社会发展的模式，这种创新的新集体经济代表着未来发展的方向。因为，未来中国农村的方向肯定是社会主义集体经济的方向。

四、明晰消费者主权是中国改革开放成功的推手，也是"四跟四走"精准扶贫成功的推手

人民公社的历史失误就是过早的把土地划归了集体。农民没有土地的经营权，本质上就是没有消费者主权，生存权受到损害。而改革开放最大的成功就是把农民对土地的经营权和消费权交还给了农民。农民消费者主权成为了中国农村改革成功的推手，也成为了中国改革开放成功的推手。

中国改革开放的一个巨大成就是中国经济总量成为世界第二大经济实体。中国改革开放成功的经验是什么呢？原因有多种，但是，就经济发展而言，恢复和行使消费者主权，是中国改革开放经济发展成功的一个主要推手，也是一条重要的经验。

何谓消费者主权，顾名思义，消费者主权就是消费者自由做主的权利。自己买什么，自己卖什么，自己做主。这事表面上看很简单，但是，实际上却是门大学问。涉及到国家的基本制度，也涉及到国家的经济政策、国家经济运行的准则以及物价等方面，还涉及到社会的配套管理、社会相关部门的约束规则等。

在人民公社时代，中国农民的消费主权是被限制、甚至是被取消的。不是你想买什么，就有什么供应可购，也不是你想卖什么就可以卖什么的，而是买卖都有限制的。农民群众都是被动的消费，几乎没有消费主权可言。生活物质的商品都是凭证供应。农民没有票证，就购买不到这些物品。而农民也不能自由出售自己的农产品。农民悄悄地出售几个鸡蛋，换取火柴钱，买盐的钱，都称之为资本主义的尾巴，要割掉资本主义尾巴。

城市居民的粮票、布票、油票、肉票、糖票、豆腐票、肥皂票等几十种票证，把消费者的消费主权限定在一个有限的范围内。这是计划经济的产物和特色。这种限制消费者主权的政策和措施，在新中国成立初期有一定的合理性，因为，新中国成立初期百业待举，物质匮乏，有计划的、有限制的消费，可以积累一定的物质基础，保证新生政权的稳固。但是，国家长期坚持重积累、轻消费的政策，积累与消费比例失调，而且限制消费的范围越来大，措施越来越严密，越来越紧张，这就违背了社会主义发展的根本原则。社会主义发展的原则是什么呢？就是发展生产力，满足人民群众日益增长的物质和精神文化的消费需求。"收获更多的粮食、提供更多的煤炭。"这是列宁在苏维埃政权成立后发出的指令。列宁指出："我们主要的政治任务应当是：从事国家的经济建设，收获更多的粮食，供应更多的煤炭，消除饥荒，这就是我们的政治任务。"（《列宁选集》第4卷，人民出版社1968年版，第370页）"因此，我们不得不承认我们对社会主义的整个看法根本改变了。这个根本的表现在：从前我们把重心放在而且也应该放在政治斗争、革命、夺取政权等方面，而现在重心改变了，转到和平组织文化工作上面去了。"这里的"文化"工作指的就是经济建设。因为，列宁指出这种文化工作"其经济目的就是合作化，有了完全合作化的条件，我们也就在社会主义基地站稳了"（《列宁选集》第4卷，人民出版社1968年版，第688页）。

中国共产党建立新中国后，头脑也是很清醒的。第一个五年计划新中国取得了辉煌的成就。党的八大政治报告中提出社会主义历史时期国内的主要矛盾是人民群众日益增长的物质需求和文化需求与落后的生产力之间的矛盾。党在社会主义历史时期的主要任务就是带领全国人民发展社会主义生产力，努力提高人民群众的生活水平。这个目标的制定说明党与人民群众的利益是完全一致的。中国共产党制定的党在社会主义历史时期的总路线是完全正确的，是符合历史前进方向的。

但是，随着农村生产合作社的超前发展，随着反右派的扩大化，特别是"文化大革命"的发生和发展，偏离了党的八大制定的党在社会主义历史时期的总方针、总路线，走上了以阶级斗争为纲的路线，物质生产放在了第二位，这样，人民群众的消费主权不但没有保障，相反，消费者的主权是越来越狭小，越来越被动，以至于群众不得不发出"共产党好是好，就是吃饭吃不饱"的喟叹。与城市居民相比，人民公社社员的消费者主权更是少得可怜，甚至可以说，农民几乎没有消费者主权。"一平二调""剪刀差"把农民的利益空间缩小到最小的地步。在那个农民卖鸡蛋都要受到控制的年代，农民哪里还有消费的主权呢？

农民的消费主权受到损伤，同时也限制了农民的生产积极性，政治挂帅，劳动效率低，成为人民公社时期的一种普遍现象。文化大革命的后期，中国的经济停滞不前，以至于城市人口手里有肉票而买不到肉，有自行车票而买不到自行车。这样，改革开放就成为了历史的必然。

中国经济改革开放从农村改革开始，农村改革开放从安徽、四川开始。农村改革的标志就是实行家庭联产承包责任制。上交国家的，剩下的就归自己。这是第一次在粮食消费方面把消费主权还给了农民。农民不再是从生产队领回粮食，而是完成上交任务，留下的粮食全部由自己处理。

随着粮食自主消费权的放开，农副产品的价格也基本放开，这也是把消费主权还给农民。粮食的自由贸易，带来了城市人口粮食定额供应的取消。这种取消粮食定额配给的政策和措施，从根本上把粮食的消费主权都交给了人民。

粮食消费主权归还给人民，是一个巨大的革命。因为，城市人口的粮食定额配给，还有其附加的优惠价值，如食油的配给、副食品以及肉类的供给。这种"剪刀差"的优惠造成了城乡差别。同时，也剥夺了农民群众的消费自主权。

这种消费结构，一方面，剥夺了农民群众以及城市居民的消费主权。另一方面，又限制了农民群众的部分生存权利，由于粮食是配给制，城市人口可以领取粮票流动，而农民没有粮票就无法到农村以外的地方生存工作。这就把农民牢牢地固定在农村的土地上，农民除了务农，没有别的工作可干。这种小农经济的思想和做法，无法推进中国工业化进程。

改革开放之后把粮食消费的自主权还给农民之后，中国的工业化进程就发生了革命性的变化。亿万农民群众进城务工，直接推进了中国工业化和城镇化进程。而当今，城乡户籍取消城乡差别，更是把城镇化推进到新的阶段。

由于粮食消费权归还给了农民，带动了一系列农产品的价格放开，这也是把农副产品的消费权还给了农民。过去人民公社在计划经济的时代，物质短缺，城市居民有票证买米买肉都排起了长队。农民提供的农副产品的价格也是受到限制。市场放开以后，农副产品供应充分，市场繁荣，城市居民生活也感到便利，这些都是以粮食消费主权为标志的农产品价格放开交还给农民以后带来的历史性变化。以前，大宗农产品的生产、收购和销售，都是国家的计划物质。除了粮食以外，还有生猪、棉花等农产品。所有的农产品计划、价格与市场放开之后，中国并没有出现社会的混乱，相反，市场出现空前的繁荣，经济出现前所未有的增长。因为，农业的发展与繁荣也直接促进了工业经济的发展。农业的消费主权放开成功之后，也启示了工业企业和工业经济的发展。20 世纪 80 年代开始的企业改革其实也是围绕着放开消费者主权开展的改革。工业产品的消费者是谁呢？是普通的群众，也包含企业本身。所以，企业的改革出路在于开拓市场，扩大消费群体。20 世纪 80 年代物价闯关，归根结底，其实就是把消费主权交还给人民，交还给市场。由于把消费主权交给了人民，消费的不断升级也就推动了中国经济的不断发展。20 世纪 80 年代，国民消费的三大件还是自行车、手表、缝纫机，到了 80 年代后期，国民消费的三大件就变成了彩电、冰箱、组合音响。到了 2000 年，国民消费的三大件就变成了住房、汽车和旅游。而且，目前消费的升级已经由物质的消费转向精神的消费，由单纯的物质生产与消费转向为新科学、新技术融为一体的新的信息生产与消费。新文化、新产业的生产与消费，带动文化产业的蓬勃兴起，互联网的消费，手机信息网络的消费，正成为新的消费品种和新的消费领域。历史和事实证明，消费主权得到回归和尊重，是中国改革开放经济发展的最成功的经验。没有国民的消费主权的回归和尊重，就没有消费水平和档次的不断升级。而没有消费水平的不断升级，就没有中国改革开放时代的经济飞速发展。马克思在《资本论》中认为，生产与消费是贯穿经济活动始终过程的原则。没有生产就没有消费，没有消费也就没有生产。可以说，马克思主义的消费经济学说，是指导中国改革开放成功的重要的不可缺失的思想理论依据。

"四跟四走"精准扶贫把农民的经营权、消费自主权与市场经济紧密结合，这是精准扶贫得以成功的基本保证。假如"四跟四走"精准扶贫没有农民的消费者主权，农民生产什么、销售什么，还是听从政府的指令，而不是顺应市场的需求，那么，"四跟四走"精准扶贫就会回到人民公社管理体制的老路上去。而只有尊重价值规律和市场经济的规律，自己掌握消费者主权，以市场为导向，走市场经济发展的道路，精准扶贫才是一路高歌，一路丰收。

五、"四跟四走"精准扶贫，创新了生态文明时代集体经济的发展新路

"四跟四走"精准扶贫新集体经济的最大意义就是既保留了人民公社集体经济生产方式的有益成分，也保留了改革开放初期土地承包责任制的农民对土地的消费者主权。既摒弃了人民公社时代完全的由私有经济制度变为集体经济制度的生产关系，同时也摒弃了家庭联产承包制的单干的落后生产方式，开创了一条新的符合现代农村经济发展的新的生产关系和新的生产方式的新路。从某种意义上说，"四跟四走"精准扶贫的新集体经济是对人民公社、家庭联产承包责任制的创新与传承。它继承了人民公社和家庭联产承包责任制的合理成分，同时也摒弃了人民公社时代以及家庭联产承包责任制的不合时宜的内容和形式，在继承创新的道路上，形成了中国现代农村新的生产关系和新的生产方式，走出了生态

文明时代、信息化时代中国社会主义新农村经济发展的新路。

第三节　就地建设农村卫星(微型)城市，
对建设美丽乡村的创新意义

一、就地城镇化根植于中国传统文化的底蕴

城镇化是中国实现现代化的一个必定要经历的发展过程。实现城镇化，首先，我们要明确一个概念，即什么叫城镇化？

所谓城镇化就是乡村向城镇化的迈进，乡村具有城镇化的功能和现代化生活的便利。而不是一些人所理解、所推行的农村人口向城市集体和大规模的迁移(在城市务工或工作的农民，有固定的职业和住所，满一定的年限，就应该在城市落户，这与农村城镇化既有联系又是两个不同的概念)。近年来，我国的城镇化进展和研究也取得了丰硕的成果，一般来说，他们的研究参照物大多是以世界其他国家和我国过去几十年的经验所总结的。怀化市"四跟四走"精准扶贫的城镇化，则采取了更为广阔和深远的视角，这就是以中国传统文化为根基，实现农村就地城镇化，农村城市卫星化、微型化。这是以世界先进发达国家的城镇化为研究参照物，并依据本地的文化背景、历史渊源、人口结构、经济条件和人文环境所提出的城镇化的发展模式。检验的标准是城镇化是不是有利于地方社会的进步和经济的发展，是不是有利于人民群众的就业与国家和地方的财税收入的增加，是不是有利于人口种群的繁衍与生息，人民群众是不是有幸福感与获得感。

2013年，习近平总书记在湖北视察农村城镇化时，语重心长地指出："农村城镇化不能让土地荒芜。"

"不能让土地荒芜"是城镇化的最基本的恒定标准。这是中国农业发展、农村发展、农民发展的底线。

怀化市委常委、常务副市长杨亲鹏认为，"要做到不能让土地荒芜，首要的就是要守住农村的家园。要让农民能够在自己的家园安居乐业，就要让农村就地城镇化。"把农村建设成为新的城市。让农民参与到建设城镇化的行列中来。农民作为城镇化的建设者，同时也是农村城镇化的受益者、享受者。假如农民不能守住自己的家园，而是迁徙到城市中去，怎么能保证土地不荒芜呢？所以，农村城镇化，目的不是把农民赶进城，赶上楼，而是把农村建设成为现代化城市，让农民在乡下就能享受到城市文明的现代化生活。以中国传统文化的理念，结合世界现代化的发达国家的城镇化经验，依据自身的特点，走怀化市自己的就地城镇化发展之路。这就是怀化市"四跟四走"精准扶贫、建设中国农村城镇化的出发点和落脚点。

中国传统文化的历史特点是什么呢？

中华文明上下五千年，至少有一万年以上的历史。在湖南省怀化地区的玉詹岩已经发现14000年前人工栽培的水稻。在河南省濮阳发现了7000年前的以龙虎为标记的左青龙、右白虎的天文图案，被誉为中华第一龙。这既象征着中华民族是以龙为图腾的民族，同时，这也是在古天文学指导下的最早的城镇建设的文化标志。

中国传统文化最具有民族文化价值的、也是最具有文化特征的，既有诸子百家的思想流传万世，又有诗词、歌赋、传奇、杂剧与小说的多姿风情、赏心悦目；既有天文地理与算学历法的精巧推进了人民的生活与生产发展，又有造纸、印刷、火药、指南针四大发明的科学成就造福人类。纵观古今历史，中华民族的文化既简单又复杂、既深远又恢弘，是一种具有高度智慧与文明的科学。假如要用最简单的文字来概括中国文化与科技成就的精髓与意义，那就是"天人合一"，假如要用更简单的文字来概括，那么就是"中和"，再简化为一个字，那就是"和"，即"中和天下"，即融合四方之民为一家，"四海之内皆兄弟"；融合百家之长为一己之长，博采众长。"和"是中国文化的核心，历史因"和"而发展；民族因"和"而繁衍；国家因"和"而强盛；人与自然因"和"而进步；人与社会因"和"而发展。所以，我们研究城镇化的着力点在于用中国传统文化的"中和"价值观来指导和推论。"中和"造就了中国古代数不清的文明城镇。"中和"即为"融合"。两者的意义是一样的。中文的语境为"中和"，英文的语境为"融合"。

以宋朝为例，既有杭州（临安）、开封（汴梁）这样当时世界级别的国际大都市，也有3600多座的卫星（微型）城市，才造就了宋朝的繁华与富足。因为大城市是需要微型（卫星）城市来支撑的。古代的城市是两个概念，即"城廓"与"市井"。"城廓"是有城墙的衙门所在地，是政治的中心。"市井"是有作坊和交易的街道，是经济和商业贸易的中心。后来两者合一，成为城市的并称。

这个过程，因为"中和""融合"的对象复杂，包括居民的迁徙、生产、生活环境的形成与改造，融合的时间也是一个漫长的过程。这是一个从低级向高级融合发展的过程。家园故乡的建设凝聚着千百年来一代又一代人的生生不息的心血与汗水，这是一种割不断的田园乡愁与家国情怀。为什么海外游子离家几十年也要回家看看，就是因为家乡与故土是一种历史沉淀与精神的寄托。这种历史的沉淀与精神的寄托是中华民族团结统一、生生不息的自然纽带。我们把历史回忆的家园消除了，把精神寄托的庙宇和器皿毁掉了，人民团结的纽带也就割断了。所以，对历史文物、历史自然村庄的毁灭，就是对国家和人民的犯罪。

世界是复杂的，也是日新月异的。我们不能千篇一律地沿袭过去古老的模式来复制今天的生活，但是，我们可以用"中和"的思维来根据本地的实际情况来创新和发展属于自己生活的"新模式"。因为，"中和"的思想含量像海一样深，它不受时空所限，不惧内外之别，不分高低贵贱，可以"海纳百川"。

农村就地城镇化，是一个继承、创新"中和"的过程，既将所有对象的个性加以保留，又使其最优秀的部分与时代有机地结合为一体，充分发挥历史遗产与现代融合的能量，从而消融现代与历史的对立关系，使历史遗产得到延伸，现代化得到发扬，个人利益得到保障，集体国家的利益实现最大化，使农村城镇化既在短期内有利益所得，同时，又有长期受益的空间保障。假如没有安居乐业，没有产业与就业，农民进城就失业，既没有土地可以耕种，又没有新的就业，无业游民将成为中国城市最大的隐患。

人类是世界上唯一能自主思考的物种，历史使命就是实现自我进化与整个世界进化的统一进程。而中华民族是较早认识到这一历史使命的民族，明白了自己的发展优势只有与社会发展的趋势与优势相结合，才有可能赢得真正的发展。所以，怀化市的就地城镇化融入改革开放的稳定持续发展之中，融入精准扶贫之中，融入市场经济的发展之中，农村就地城镇化与产业发展相结合，就可以落地生根，开花结果。

任何强大的民族和区域都有自己的短板，都会有自己的弱点，而其他各民族和地域也都会有自己的长处和短处，我们实现就地城镇化，要取长补短，化不利为有利，最大限度地集合一切长处和优势，应用一切可以利用的力量来完成自己的历史使命。这就是怀化市就地城镇化的指导思想和实践方法。

首先，"中和"性思维是基于生物多样性的存在，所以"中和""融合"性思维的理想状态不是你死我亡的决斗，或者此消彼长的苦苦相争，而是抛弃成见，在双方共同交流和发展的过程中逐步地证明原有对立关系的不必要，从而实现自然地化不利为有利。将所有生物最优秀的地方融合为一体，共生共荣；其次，"中和""融合"性思维是基于生物链的存在，生物构成的世界包括自然界和生物间的世界，都有其内在的网络式联系和互相克制的力量，如何利用"生物链"，让所有生物共生共荣就成为最终目的。

假如"中和"只有单方面的胜赢和发展，而不是共赢、共生、共存、共荣，那么，这种"中和""融合"就不是"中和"，而只是单性的繁殖和发展。世界上无论是植物还是社会形态，凡是单方面发展的，都不会延续和持久。所以，怀化的就地城镇化强调不能强拆,不能毁坏古迹和自然村落,不能只有政府的意愿的推行,而无百姓的利益所得,而是一种多赢和双赢,即群众高兴,政府满意,经济得到发展,人民得到实惠。

中国的儒家文化以"中和"为原则,它可以吸收外来的文化却不会被国界所阻挡,并形成自己的特色。唐朝时代,中国吸取印度的佛教,出现了中国文化历史上儒、道、释三家合流的宗教奇迹。印度的佛教起死回生,在中国获得新生,而在它的本源国——印度,却沉沦了。

在近现代,特别是改革开放30多年时间内,中国文化在世界发生翻天覆地变化的背景下,抵抗住了几乎是整个世界的合力侵犯而屹立未倒。中华民族的文化不断推陈出新,以"中和"作为一种文化特性和价值保留至今,在民族血液中奔流不息,保证了民族文化的顽强的生命力和极强的凝聚力。综观已知的整个人类历史,中华民族的文化成为至今所有强盛的文化中最长久的,同时是所有长久文化中最强盛的,其关键就在于善用"中和"之功。

自中华人民共和国成立至今历经60余年,变革之事常有,而近些年提出的变革之策最为深刻,因为它要解决的是中国的"城乡二元对立体制"悖论。2010年10月18日,中国共产党第十七届中央委员会第五次全体会议通过了《中共中央关于制定国民经济和社会发展第十二个五年规划的建议》,要求"坚持走中国特色城镇化道路",从"完善城市化布局和形态"及"加强城镇化管理"两个方面对十二五期间城镇化发展提出了具体要求。2012年11月,党的十八大报告正式提出要"坚持走中国特色新型工业化、信息化、城镇化、农业现代化道路",即"新型城镇化"的概念。2013 年 11 月 12 日,中国共产党第十八届中央委员会第三次全体会议通过了《中共中央关于全面深化改革若干重大问题的决定》,提出了"城乡发展一体化"的思路,将中国特色新型城镇化和新农村建设统一于城乡一体化的建设进程中,使每个人都可参与现代化进程,共同分享现代化成果,不受城乡身份所限。

从"三农"问题受到关注,到中国特色城镇化的提出,再到新型城镇化概念的出现,最后到城乡一体化的思路出台,城镇化的内涵越来越丰富,思路越来越务实和理性。以城镇化为主题,中国掀起了新一轮的经济社会全方位改革,开启了以人为本的国家建设时期,踏上了民族复兴之路的新里程。那么在这关键的转型时期,如何落实新型城镇化就成为各个县市和省份十分关注的根本性话题之一,怀化市在城镇化的道路上解决的方案就是就地城镇化、农村城镇微型化、卫星化。因为,"中和"的基础就是要从实际出发,脚踏实地,要依据本民族的文化和风俗,来创新生活、创新未来,创新自己的生活家园。那种离乡背井的城镇化,那种放弃自己几千年的家园,面目全非的城市化,都是一种对自己文化破坏的行为,是对自己民族文化的一种割断。在城市化的过程中,我们有许多的古村落消失了,有许多的古建筑销毁了,有许多的古树被砍伐了,这不是文明的进程,而是文明的毁灭。怀化"四跟四走"精准扶贫的就地城镇化以中国传统文化为依托,实行文化"中和"的城镇化战略,在本地文化渊源的基础上,发展微型城市、卫星城市,承接沿海地区的产业转移,拓展了农民的就业范围，扩展了农村发展的产业门路，走出了一条中国农村新型城镇化道路。

二、就地城镇化的田园乡愁与家国情怀

所谓的农村城镇微型化、卫星化，就是以县城为本县域的中心城市，以各个乡镇驻地为微型城市和卫星城市，使怀化市实现城乡一体化，把微型城市和卫星城市建成小康卫星城、生态卫星城、富裕卫星城、平安卫星城、和谐卫星城。

"四跟四走"精准扶贫，就地形成了新的农村集镇，建设卫星城市和微型城市，这是实行农村城镇化的新路。

就地城镇化是以家庭为基础的组合。家庭是国家和社会稳定的根基，如果家园没有了，也就意味着国家的一个细胞缺失了。家园不和谐、不稳定，就会导致社会的不稳定，国将不国、邦将不宁。

目前，农村不稳定、不和谐的隐患有五个方面。

第一，成万上亿的人外出务工，形成农村田园的荒芜，家园的空洞化。同时加重城市交通拥堵，城市增容带来的城市病，如垃圾污染、水电的负荷超载等。城市和交通运输线的安全保障问题成为社会不稳定的一个重要因素。

第二，农村的社会问题叠加。孤寡老人、留守儿童无人照顾、无人关爱，年轻夫妻长期两地分居，容易导致感情缺失、道德沦丧，甚至引发家庭和社会暴力事件。由于农村劳动力进城务工，以致农村长期土地撂荒，国家粮食安全成为问题。由于农村只有

"小孩、老人和狗"驻守，使农村缺乏生机与活力。

第三，由于外出的打工者增多，由于一味地追求农民进城的城镇化，既萧条了农村，产生农村荒芜、萧条的综合症，又使城市过于拥堵，产生城市综合症，城乡无法协调发展。特别是进城务工的农民在城市融不进城市的生活，回农村又不会种地，成为边缘人，这种庞大的人员一旦失业，就会成为城市的负资产。

第四，农村社会的赌博、买六合彩问题，封建迷信问题等。

第五，一些农村外来宗教盛行，教堂在乡村随处可见。

怀化市农村就地城镇化，一是农民可以就地广开就业门路，消除了农民进城造成的城市拥挤，减轻了城市的生活压力。二是就地城镇化，保障了老有所养，幼有所教，家庭多了和睦，社会多了稳定。三是农村恢复了生机，守住了田园乡愁。荒芜的土地重新种上了庄稼，丰收的喜悦也带来了家庭的喜悦。四是被伤化的社会风气得到扭转。赌博的、买六合彩的、性生活腐化的少了。五是教徒的发展势头得到合理调控。

城乡社会发展的中和元素与细胞是家庭。"家是最小国，国是千万家"，家庭是国家和社会的细胞，家庭治理是国家治理和社会稳定的根基，如果家庭不稳定、家将不家。而中国的农村是一个以家为基础的人情社会，几千年来，家的传统文化基因、传统习俗，赡养父母、教养孩子是家庭的一个基本功能，也是家之所以为家的根本特征。

中国农村的家庭是以故乡和家园为依托的。每年春节，全国各地的人都不约而同要奔波几百里、几千里回故乡过春节。数亿的人流犹如移动的海洋，成为人类社会生活中的一道独特的风景。为什么要回家乡过年？故乡就像一块磁铁，吸引着离家在外的游子回家团聚，就是因为故乡的家庭具有文化的向心力和凝聚力。这种文化的向心力与凝聚力就是数百年来文化中和的一种积累与沉淀。一个人无论在哪里，故乡总是自己心中的一块圣地，具有朝拜和皈依的无穷魅力。那里有祖先的灵魂归处，有儿时的纯真记忆，有父母的养育之情，有自己成长的足迹。回到家，祭祀先祖，灵魂找到归宿；看望父母，心灵得到慰藉，看到故乡的山水，重新吸取到了生命的力量，这些都是一种文化软实力给予的无形的召唤，也是无数的岁月融合历史文化、民俗风情、日月山水的一种无形的力量。每一个人都需要这种力量，每一个人都不能没有先祖的灵位，不能没有父辈的关爱，也不能没有对父母的感恩和回报。只有这种亲情、乡情、恩情，才是永恒的生命动力源泉。

任何一个正常的中国人，都不能缺少这三种感情，而这三种感情却是与故乡家园紧密相连的。春节期间上亿人奔向家乡，这种人口的大流动、大迁徙，成为人类历史发展中一个独一无二的奇观，是中国文化最具特色的风景线。假如把故乡的家园拆掉、毁坏，那么，也就把人们的精神家园拆掉了，毁坏了。

近代的世界战争此起彼伏，如今整个世界进入一个全球的春秋战国时代，每个国家都在思考本国的未来走向。中国经过改革开放30多年的洗礼，自然也进入了一个新的"中和"的阶段。既然我们民族文化的精髓在于"中和"，那么如果能坚持"中和"的思维，找到正确的"中和"的方式，应该可以解决中国目前所面临的一切问题。从宏观上讲，既包括中国国家的内政外交的发展问题，包括中国现代化全面升级换代的发展问题；也包括中国在世界上与世界各个国家和人民的共同发展问题；在微观上讲，中国文化的"中和"，既包括中国城镇化发展问题，包括城乡协调发展问题，也包括依法治国落实到方方面面的具体实施问题。成功实现"中和"的目的，在于"变革"，革故鼎新，变则能通，通则能久。这种"中和"对于一个人、一个家庭、一个村镇、一个省区、一个国家、一个民族，其意义都是一样的价值，因为家庭是社会的细胞，而城镇则是国家的细胞。

怀化市"四跟四走"精准扶贫的农村城镇化，不是农村向城市迁移，而是把城市的功能迁移到乡村，建设卫星城市和微型城市，让农村的集镇享受到城市的现代化功能和现代化城市的服务，实现农村的就地城市化，开辟了一条新型农村城镇化的新路。这条新路，对中国社会经济的发展具有积极的推动作用。

以农村一户迁移到城市计算，在城市，一户基本上要置业一套100平方米的住宅。而在农村集镇，用同样的资金，一户农户在乡村集镇置业可以达到500平方米。对经济的拉动力大于在城市置业。而且，农村人口向城市迁移，加大城市的就业压力，加大城市综合配套成本，加大城市的人口容积量，对经济的增长以及财税的增长并无明显的好处，这样对中国未来的发展将会形成巨大的人口压力和经济压力。从长远看，农村就地城镇化比农村人口迁移到城市的农村城镇化要好。

三、生态移民与就地城镇化的继承与创新

坚持生态移民与就地城镇化有机融合，是怀化市在贯彻落实党的十八大提出的加快生态文明建设精神的基础上，对那些自然条件特别恶劣或开发成本过大，传统扶贫模式不能从根本上解决贫困问题的贫困村，实行生态移民与就地城镇化的一次创造性实践。

怀化地处武陵、雪峰两大山脉之间，目前还有 13.5 万贫困人口居住在深山区、石山区、高寒山区，自然环境和生活条件恶劣，一方水土难养一方人。如果简单地采取传统的修路架桥、扶持产业发展的扶贫方式，不仅扶贫成本高，而且脱贫难度大、效果差。比如，辰溪县火马冲镇照顶界村是典型的高寒山区深度贫困村，市、县在这里搞扶贫搞了很多年，仅供电、道路等基础设施建设就花了近 700 万元，但老百姓的就学、就业等问题还是无法得到解决，村里依然十分贫困。如果继续按照过去老套路搞扶贫，再怎么扶持只能是一个"无言的结局"。只要思想拐个弯，就能进入成功的窍门。怀化市在深入调研、充分论证的基础上，在辰溪县火马冲镇照顶界村先行试点，走出了"搬得下、稳得住、融得进、能发展"的新路。怀化以就地城镇化为导向的生态移民新方式，不是简单地让农民向城镇迁移，而是以原有的村镇为基础，依托集镇现成的产业园区、基础设施、公共服务设施，通过加快产业园区发展，使之成为城镇新区，更好地整合个体生产资源，让进入小城镇生活的农民特别是贫困群众能脱贫、能发展。

1. 解决"生态移民怎么移"的问题

把贫困群众从"穷窝"挪到"富窝"。怀化市按照"就地就近、集约节约、宜居宜业"的原则，在交通比较方便的火马冲镇工业园区附近规划建设了占地25亩的移民新村，还给每户移民预留了0.1亩菜地和生产物资储藏室。这样做，不仅充分利用了集镇现成的水、电、路、气等基础设施，以及完善的学校、医院、便民服务中心、文化服务站等公共服务设施，大幅降低了移民搬迁成本，整村搬下来只花了600余万元，比原来仅仅修路通电所花的成本还要低，又为贫困群众就医、就学、就业、创业提供了有利条件，使贫困群众从"糠箩"跳到了"米箩"。

整合一切可以整合的建设资金。怀化市按照"政府统筹、部门帮扶、群众参与"方式，整合易地搬迁、国土整治、农村危改等项目资金，主要用于配套基础设施建设、对搬迁村民给予一定比例的建设资金补助。制定了照顶界村易地扶贫搬迁方案，逐户上门宣传搬迁政策，征求村民意见，不搞强迫命令。这样一来，村民特别高兴，搬迁意愿强烈。通过一系列细致深入的工作，照顶界村有63户群众移民搬迁下山，已于2014年春节前全部搬进新居。照顶界村群众搬进移民新居后，写下了"下山不忘共产党，致富要靠我你他"的对联，表达搬下山后的内心喜悦和对党委政府的感恩。老百姓对此非常感激："如果没有共产党，没有人民政府，我们祖祖辈辈不知道要到什么时候才能解决这个问题。"

2. 以"发展产业＋就近就业"的方式"拔穷根"，解决"移民怎么发展"的问题

"挪穷窝"的根本目的是要"拔穷根"，让贫困群众加快脱贫致富，过上幸福好日子。怀化市扶贫办党组书记、主任谌孙武介绍说："为确保贫困群众搬迁后能脱贫、能发展，怀化市采取搬迁与扶贫相结合、搬迁与产业相结合、搬迁与促进就业创业相结合等方式，既考虑怎么搬，又考虑如何扶，帮助贫困群众真正挪'穷窝'拔'穷根'。"探索推行"公司＋基地＋农户""公司＋合作社＋农户"等股份合作模式，立足当地资源优势，引进农业龙头公司发展高山葡萄、茶叶、油茶、蜂蜜等特色产业，将上级扶贫资金集中投入到特色产业基地的建设，并把贫困群众原来的土地、宅基地流转给农业龙头公司，全部转为公司股份，让贫困群众实现股份分红，持续受益。辰溪县火马冲镇照顶界村生态移民搬迁后，把年纪大、有种养技术的村民安排到农业龙头公司从事农业生产管理，按月拿工资，并整合人社、扶贫、农业等培训项目对年轻人开展职业技能培训，引导他们到附近的火马冲工业集中区务工。现在照顶界村村民人均纯收入由 2011 年的 900 元以下上升到 2015 年的 3000 元，真正拔掉了"穷根"。

3. 推进村庄化建设和社区化管理，解决"移民新村怎么建设管理"的问题

怀化的就地城镇化生态移民方式，不只是经济发展工程，更是一个社会工程。近年来，怀化市坚持多管齐下，把移民新村建设与"美丽乡村·幸福家园"建设结合起来，大力推进村庄化建设、社区化管理，解决贫困农村"空巢化"问题，着力提升农村社会治理能力和水平，促进农村社会和谐稳定。

着力推进村庄化建设。按照集约化、特色化的要求规划建设移民新村，大力实施"三化一改"（美化、净化、淳化和危房改造）为重点的农村环境综合治理，积极引导村民以村规民约来约束不文明行为，倡导健康文明生产生活方式，让村庄环境美起来、村风文明起来。

着力推进社区化管理。在移民新村设立新的行政村，建立健全社区化管理制度，创造性地设立村级纪检员、综治专干和村级便民服务点，加强对村支"两委"干部的培训教育，提升村级党组织的管理服务水平，为群众提供优质高效的政务服务、公益服务、商务服务。完善移民就近就学、就医等政策，促进移民与当地村民在组织、感情、产业、文化、生活上深度融合，防止出现"孤岛"现象。将村支两委活动室作为移民历史文化展览室，充分反映村民搬迁前后生产生活条件的变化，激励移民群众依靠自力更生创造美好生活。

4. 着力解决贫困村"空巢化"问题

当前，农村地区特别是贫困地区的"空巢化"现象非常突出，不利于农村社会和谐稳定。怀化市为解决贫困村"空巢化"问题，一方面，把生态移民与就地城镇化结合起来，通过加快产业园区发展，增强吸纳群众就业的能力，鼓励贫困村劳动力就地就近就业，让飞出去的鸟儿返乡"归巢"。这样一来，既解决了贫困村劳动力就近就业、家庭团聚、孝敬老人、教养小孩的问题，又解决了孤寡老人、留守儿童的生活困难和亲情关怀的问题，进一步推动了道德建设与和谐社会建设。另一方面，启动"三无六零"人员（无劳动能力、无生活来源、无法定赡养人和扶养人的，或者其赡养人和扶养人确无赡养或扶养能力的年满 60 周岁及以上老年人）兜底保障工作，制定下发了《关于做好"三无六零"人员兜底保障工作的实施意见》，整合民政、扶贫、人社等部门相关资金，推行政府购买服务，采取集中供养与委托亲戚代养、邻里看护、居家养老服务、"空巢老人和留守儿童"关爱服务等分散供养相结合的方式，着力解决"三无六零"人员的脱贫兜底和孤苦伶仃问题。

2015 年，怀化市总结和完善辰溪县火马冲镇照顶界村生态移民、沅陵县借母溪乡洪水坪村易地扶贫搬迁的做法和经验，选择部分贫困地区推广就地城镇化的生态移民方式，实施生态移民 745 户、2973 人，取得了比较好的效果。2016 年，怀化市决定在全市全面复制推广这一模式，计划完成生态移民 21607 人。

四、就地城镇化对承接沿海地区的产业转移提供了便利

20 世纪 80 年代，中国小城镇化建设由于乡镇企业的异军突起，形成了改革开放以来第一次小城镇化建设的高潮。

目前，中国内地最便于承接沿海城市的产业转移，形成第二个小城镇化建设的高潮。

中国沿海开放城市由于工资成本的上升，许多改革开放初期兴办的三来一补企业渐渐地实行了产业转移。有一些外资企业甚至把企业转移到东南亚国家。

其实，中国内地的企业应该承接这些企业的产业转移。因为，内地的工资成本比沿海地区的要低，甚至低于东南亚国家。加之高铁的运输快捷，怀化到香港只有 4 小时里程。所以，怀化承接沿海地区的产业转移具有优势。这些产业的转移自然也就加快了就地城镇化的建设。

原来在沿海城市打工的农民工，回到家乡就业，虽然工资比在沿海地区打工要低，但是，在家就地打工，可以减少住宿、就餐的生活成本，实际收入并没有减少。相反，还可以照顾到家庭。两者相比较，就地就业，更受到欢迎。

回到家乡的农民工，有许多是在沿海城市学到了技术，又回到家乡创业的。有一些人学到了技术，学会了管理，入股把企业引进到自己家乡的。这样，就地城镇化为企业落户到内地，提供了配套的条件。

一家企业，可以带动一个产业，可以激活一个镇。企业兴镇，工业园兴镇，都是怀化就地城镇化最为常见的现象。只要不以消耗本地资源为代价的产业转移，不以污染环境为代价的企业发展，怀化都是支持的。

五、就地城镇化的发展优势

怀化"四跟四走"精准扶贫就地实现农村城镇化，建设卫星城市和微型城市，已经显现出巨大的优势。一是发展地方特色经济的优势；二是发展旅游的优势；三是弘扬传统文化的优势；四是拓展就业，扩展城市服务和城市功能的优势；五是建设农村城镇化的生态休闲养老优势。

1. 发展地方特色经济的优势

怀化是典型的丘陵山地地区，特色经济尤为突出。过去，由于交通不便，信息不通，物流不畅，商品率不高，地方的特色经济产品养在深闺人未识。现在，随着交通的便利，信息的快速传播，物流的四通八达，过去怀化的特色产品已经成为畅销产品。

怀化是一座火车拖来的城市。高铁从怀化到长沙只要100分钟，到北京只要7小时，到上海只要6小时，到广州只要3小时，到香港只要4小时。

怀化芷江机场已开通国际国内的多条航班。

怀化的靖州杨梅海内外扬名。过去由于交通不变，产品常常在树上烂掉。现在，便捷的交通当天就可以把摘下的杨梅送往北京、上海、香港等地。

怀化的甜橘，过去由于物流不畅，货好却卖不起价。现在，由于信息流畅，交通快捷，物美价高。

怀化的猕猴桃、茶叶、葡萄等特色产品因为怀化的地理位置优越而畅销海内外。

怀化的农村就地城镇化建设大部分是一个特色产品形成一个特色集镇。产品带动城镇化建设，城镇化集镇推动特色产品的销售。

2. 发展旅游的优势

怀化的旅游业独具特色。这里有以通道转兵旧址为龙头的红色旅游线路，有芷江受降旧址为龙头的抗日战争胜利旅游线路，有妈祖庙、洪江古城为龙头的丝绸之路的旅游线路，有侗族、苗族风情风貌为主体的民族民俗的旅游线路。

3. 弘扬中国传统文化的优势

怀化的传统文化旅游景点丰富。这里有距今约7800年的高庙文化，有王昌龄的芙蓉楼，有妈祖的天宫庙，有袁隆平的杂交水稻研究基地，有拉开中国工农红军万里长征历史性转折、走向胜利序幕的通道会议旧址——恭城书院，也有抗日战争胜利的纪念地——芷江，举世瞩目的中国人民抗日战争胜利受降仪式在此举行。

4. 扩展就业，延伸城市服务和城市功能的优势

农村就地城镇化，首先要解决的问题是就业的问题。那种没有就业的城镇化，实际上就是经济上的空转，没有实际意义。而就地城镇化有农业产业、林业产业，有种植业、养殖业，有工业产业园，有旅游服务业，有城市功能的延伸，增加了第三产业的比例。为农民就业提供了多种选择，扩展了农民就业的门路。从现实看，就地城镇化，拓展了农民的就地就业门路，拉动了经济的增长，增加了财税收入。从长远看，建设微型城市和卫星城市，比大城市扩容具有更为重要的意义。大城市扩容，加重了城市的负担，尤其是就业的压力。同时，对生态的发展，对避免战争的损伤，大城市的优越性明显低于农村的卫星城市和微型城市。就地城镇化的微型城市，既有农村原有的产业优势，又具有城市服务功能的新增优势，两者结合，优势大于大中城市的增容扩展。

苏联解体后，由于人为的造城，许多城市没有文化底蕴，一个个城市都荒芜了，人去楼空，成为无人的鬼城。这应该成为我

们一味追求城市化的前车之鉴。中国房地产的盲目扩张，也产生出鬼城，如广西北海海边的别墅群、鄂尔多斯的空城等。这些教训足以成为盲目城镇化的警示。

就地城镇化，可以实现第一、二、三产业同时并举。扩大了农民的就业渠道，更为重要的是把城市的功能与服务延伸到了乡村，推进了农村的城市化进程。这种微型城市和卫星城市，连接中心城市，对大中城市的发展也是一种有力的支撑。中国的工业发展源于农业的支撑。中国的大中城市的活力也源于小城镇的发展。星罗棋布的卫星城市连接大中城市，大中城市才有活水源头。

一般来说，第一、二产业适合在卫星城市发展，第三产业适合在大中城市发展。中国大中城市与卫星（微型）城市的合理布局，将形成中国经济发展的强大动力。大中城市的工业企业不适应继续在大中城市发展，应该迁移到乡村和郊外，一个企业其实就是一个微型城市。这样既可以减轻城市的环保压力，又可以与农村城镇化相结合。过去是工厂进城，造成了城市的环境污染，城市雾霾普遍出现。现在应该是工厂出城下乡，合理规划，科学发展。只有农村城镇化的合理布局与发展，才会有大中城市的蓝天白云。

特别是高铁的发展，更应该发展微型城市。只有微型城市星罗棋布，才能更加显现高铁的发展优势和功能，保证高铁的客流量。假如只是大城市、中心城市的扩容，而没有农村城镇化的发展，高铁快捷便利的功能也就失去意义，高铁的客流量也会受到局限。

5.建设农村城镇化的微型城市具有生态休闲养老优势，可以吸引城市人口向农村转移

怀化生态良好，森林覆盖率达 70.83% 以上，是名副其实的天然氧吧。通道侗族自治县是全国四个氧吧生态县之一。麻阳苗族自治县 100 岁以上的老人比例高于广西巴马、海南文昌，是全国有名的长寿县。在怀化建设生态微型休闲城镇，可以吸引大中城市的退休人员到这里休闲养老，如通道县作为旅游之乡，风景如画，已经成为不少大学的写生基地。同时，有些房地产开发商，也到此开发休闲养老的房地产项目。从生态文明发展的角度看，今后，不是农村人去城市，而是城市的退休人口向乡村的微型城市迁移。因为，功能齐备的农村微型城市，更适应人类的生存与发展。世界先进的发达国家基本上都是限制大城市的发展，向卫星城市和微型城市发展，就是就地城镇化成功的典范。

第四节　建设能人党支部，对新农村建设的创新意义

一、精准扶贫创新了党支部在新时代的发展活力

"支部建在连上"是人民军队从井冈山走向天安门的战无不胜的法宝。同样的道理，建设好村级党支部，也是"四跟四走"精准扶贫的法宝。

"四跟四走"，要接地气，要落实到人到户，关键要有一个坚强的党支部，而党支部必须是能人当家。能人就是致富能手。"正

人先正己。"假如党支部的领头人都不是致富能手，何以带领群众致富？

由于有些乡镇党委政府的薄弱，目前有的农村村级组织以及党支部也相对虚弱了。村级党支部不少是有实名而无实力。要把精准扶贫落实到位，关键的一环是"贫困人口跟着致富能手走"，而把致富能手选拔到村党支部的领导班子，贫困人口跟着致富能手走，实质上就变成了贫困人口跟着基层党组织走，基层党组织就成了"四跟四走"精准扶贫，带领全村群众致富奔小康的战斗堡垒。

中方县中方镇陈家湾村党员"八顾洋楼"请民营企业家吴建明担任村党支部书记，就是典型实例。吴建明是一位成功的党员民营企业家。2014年在党支部的换届选举中，村全体党员八次推举吴建明担任村党支部书记。

吴建明具有企业家的管理能力。担任村党支部书记后，带领支部一班人，首先是设置了村级便民服务站，为群众代办各类乡政府授权办理的事务，受到群众的拥护。第二是定期公开村级财务，村级财务公开透明，受到群众的信任。第三是规划发展，把"四跟四走"落实在一项项行动中。经过三年的奋斗，目前陈家湾种植优质柑橘4000亩，优质葡萄2000亩，苗木1500亩，群众的收入由2013年的8500元上升到1.2万元。村级集体经济办起了自来水厂，修建了标准化厂房出租。村级集体经济由负债100万元到盈利100万元。

怀化市委在全市推广陈家湾村经验，把1172名致富能手培养成党员,把3519名党员培养成致富能手,在2014年村支"两委"换届中,1500名农村致富能手、回乡大中专毕业生、退伍军人、外出务工经商返乡人员被选为村党支部书记,调整贫困村支部书记198人,向贫困村选派1237名"第一书记"。

"给钱给物,不如建个好支部。""四跟四走"精准扶贫,就是党员能人经济。党员能人经济对于一个村来说,就是党支部经济。

如果致富能手不能为党所用、不能为民所用,就会被外来的敌对势力所用,为封建落后的宗族势力所用,为涉黑涉恶势力所用。所以,把党员培养成致富能手,把致富能手培养成党员,是基层党建工作的重要内容和职责。

实践证明,把党支部打造成为能人党支部,是"四跟四走"精准扶贫的基本组织保障。没有这个基本的保障,精准扶贫也就失去了基础保障。

二、家风建设创新了农村党支部新的发展空间

"四跟四走"精准扶贫,不仅仅是个生产模式,本质上是个社会系统工程。扶贫首先要扶志,扶志首先就要践行社会主义核心价值观。所以,党支部带领群众致富的过程,就是践行社会主义核心价值观的过程。因为,践行社会主义核心价值观是要有经济基础的。人们只有先解决衣食住行,才有可能从事思想、文化和艺术的建设。"仓廪实而知礼节,衣食足而知荣辱。"(《管子·牧民》)在乡村,要践行社会主义核心价值观,首先就要脱贫致富,长期生活在贫困之中,被衣食所困,思想建设就没有基础。所

以，精准扶贫，是民生工程，也是思想建设工程。党支部肩负着带领群众致富的重任，同时，这也是最好的思想政治工作。群众富裕了，跟党走的决心更大了。党只有给群众带来实实在在的利益，而不是损害群众的利益，党在人民群众中间才会有威信。

家庭是国家与社会的细胞。怀化市委书记、市人大常委会主任彭国甫认为村级党支部建设的一个重要任务就是搞好家风建设。因为党支部联系家家户户，与群众面对面，知根知底。家风建设好了，党风、社会风气也就纯洁了。党支部的工作也就功德无量了。有的人认为，在经济发展的现代化进程中，党支部的工作可有可无，这其实是错误的观点，因为，社会主义价值观是一个重新构建的过程，在这个过程中，无论是乡村党支部，还是城市、企业的任何单位的党支部，都负有不可缺失的作用。

党支部建设好的家风，主要是通过教育党员身体力行好的传统来弘扬优秀的民族文化。

1. 家风是优秀民族文化的组成部分，是无言的教育、无声的力量

一种行为重复一百次，就成了习惯，一种习惯被团体成员重复一百次，就会成为一种文化、一种风气。所以家风是家庭成员的一种共同习惯，或者是共同的文化。父母是孩子第一任老师，家庭是孩子第一课堂。与其说高素质的人才是优秀的课堂中教出来的，还不如说是浓郁的家庭氛围中熏陶出来的。家风是一种无言的教育、无字的典籍、无声的力量，在日常生活中影响着孩子的心灵，塑造孩子的人格。

家风就是好的规矩、习惯、传统,它就存在于我们民族点点滴滴的生活中。比如说父母的唠叨、亲人的沟通、兄妹的嬉戏……也许看起来不起眼,却指引着我们的生活。

代代相传的良好家风是中华优秀传统文化在家庭中的具体表现,蕴含丰富的思想道德资源;其倡导和形成的基本道德规范,是中华民族几千年来教育子孙后代最基本的形式。这些浸润着美德的良好家风,经过千百年的积淀、传承和弘扬,已成为社会共识和民族共识。

2. 良好的家风是抵御腐败的重要防线

2016年1月12日,习近平总书记在中央纪委全会上特别强调:"领导干部要把家风建设摆在重要位置,廉洁修身,廉洁齐家。"

修身齐家治国平天下,是一种内在的逻辑关系。修身是齐家的基础,齐家是治国平天下的基础。也就是说,领导干部只有管好了自己,管好了家里人,才能够办好天下大家的事。有什么样的家风,就会有什么样的行为。体现在党内,就形成什么样的党风。在这个意义上讲,领导干部正家风,才能使党风更纯。对领导干部家庭来说,良好的家风无疑是抵御腐败的重要防线。党风不正,一个根源就在家风不正。没有良好的家风,领导干部就可能让自己和家庭成员变得"任性"。

领导干部的家风不是领导干部个人的私事。对领导干部来说,家风正才能作风正、律己严,家风正才能坐得稳、行得正。从众多优秀领导干部身上可以发现,那些有廉洁作风的领导干部,大多有个良好的家风。廉洁的作风,带出了良好的家风;良好的家风,又促进干部养成廉洁的作风;反之,领导干部家风不正,必然导致工作作风不正、政风不正、党风不正,从而给党的事业造成损失,影响党的形象,影响整个社会风气。

3.配偶和子女的言行就是领导干部的形象

党员干部的家风,是反映党风和社会风气的一个重要窗口,也是党风廉政建设的晴雨表。同时,老百姓不仅关心党员领导干部自身廉洁自律、勤政为民的问题,还十分关注领导的配偶和子女在社会上的言行举止。这是为什么?

老百姓为什么会关注领导干部的配偶和子女的形象和行为呢?因为他们的形象很大程度上就是领导干部的形象,就是我们党和政府的形象。

现在,越来越多的违法犯罪分子,在正面腐蚀拉拢领导干部难以奏效的情况下,便迂回侧进,挖空心思把进攻目标瞄准领导干部的"后院",从领导干部的家人、工作人员身上打开"缺口",从而导致有些领导干部的家人和工作人员经不起糖衣炮弹的攻击,助纣为虐。

由于有着一脉相承的血缘关系,或者朝夕相处的深厚感情,这些领导干部往往放弃了原则,对亲属的胡作非为装聋作哑,甚至包庇纵容,于是,有的是夫人"参政"、子女"坐庄",有的是身边工作人员打着"首长旗号"捞权谋私,这都极大程度地损害了党员干部的形象和社会风气。

"四跟四走"精准扶贫不是世外桃源,也不是真空。社会世俗的种种风气也必然会吹染到这个领域中来。防范于未然,是我们应该做的事。

4. 家风是春风，润物细无声。正直、淳朴的家风从小就影响人生

孟母为了有一个好的教育环境，三择其邻。岳飞的母亲从小在岳飞的背上刺字"精忠报国"。好家风要向古代先贤学、向革命先辈学，以"反面教材"敲警钟。

中国被称为礼仪之邦，古人讲忠孝仁义礼智信廉，讲勤俭持家，重视家庭伦理，这些在今天仍有可汲取的营养。要学家风，首先要向古代先贤学习。

有"古今家训，以此为祖"之誉的《颜氏家训》，强调对子女的教育要赶早，提出"教儿婴孩"，鼓励子女靠勤学自立于世，而不要靠祖上的庇荫养尊处优。司马光为了教育儿子警惕奢侈的祸害，常常详细列举史事以为借鉴。他对儿子说，西晋时何曾"日食万钱，至孙以骄溢倾家"，石崇"以奢靡夸人，卒以此死东市"。寇准生活豪侈冠于一时，"子孙习其家风，今多穷困。"这些简单的道理，对于今天的我们仍然有启示和借鉴意义。

一脉相传的清正家风是众多革命前辈们孜孜追求的目标，值得我们去学习和传承。比如，毛泽东对子女的要求一向严格谨慎，子女们上学、看病连真名都不准说；周恩来的"十条家规"，不仅是对亲属的严格要求，更是培养干部家风的极好教材；刘少奇曾专门开家庭会议，规定家人不准借他之名办事；习仲勋反复告诫子女，要"夹着尾巴做人"。重温这些革命先辈的好家风，从他们的故事中可以汲取无穷的精神力量。

最有力的教育则是警钟长鸣。通过媒体曝光家族式腐败典型案例，这些坏家风的"反面教材"，也一次又一次地为党员敲响了警钟。

5. 要用制度管好干部和"身边人"

如何从制度层面进行配套和"兜底"，管好干部和他们的"身边人"？

这方面，怀化市委组织纪检、组织和宣传等部门做了一些探索。为了切实提升领导干部及其配偶拒腐防变能力，积极培育良好家风，2015年10月，怀化市举办了第一期领导干部及其配偶廉政教育培训班，干部及其配偶近300人参加。市委书记彭国甫带头作报告，跟他们细数"贪内助"的各种名堂和手段。会后，纪委再向干部及配偶全面通报他们的基本情况，正面的、负面的都说，鼓励他们的配偶加入到反腐倡廉的队伍中来，吹好枕边"廉洁风"，当好家庭"廉内助"，把好生活"廉政关"。怀化市计划分期分批对全市县处级以上领导干部及其配偶进行培训，切实把"抓早抓小"落到实处，筑牢领导干部家庭廉政防线。

三、乡风民俗建设是党支部应尽的义务和职责

村党支部是"美丽乡村·幸福家园"建设的领头羊。为此，怀化市文明办下发了文明淳化工程实施方案。

1. 淳化道德风尚

积极建设道德讲堂、乡贤讲堂、百姓讲堂等思想道德教育阵地，大力推进社会公德、职业道德、家庭美德、个人品德"四德"建

设，推进社会主义核心价值观教化与养成的日常化、具体化、生活化、形象化。广泛开展道德模范、身边好人、星级文明户、好婆婆、好媳妇、好妯娌等评选表彰及宣传教育活动。积极开展"忠义善行榜""贤德孝道榜"的评选工作，两榜合一进行公示，让好人好事上红榜，提升农村正能量。在农村中小学广泛开展文明素质教育活动，注重培养农村未成年人文明意识。开展好家风好家训传承活动，收集并讲好家风家训故事，每年开展评选活动，把好的家风家训通过村镇文化长廊、村镇文化中心进行集中展示，将好家风、好家训编成小曲、快板、相声在农村进行传唱，促进农村社会风气整体好转。有条件的村还建设了村史馆，全面展示建设成果。

2. 细化规章制度

制定《村规民约》，将各地红白喜事公约、文明卫生习惯等相关制度纳入《村规民约》，着力培育绿色生活方式，改善农村环境面貌，逐步使村民养成良好卫生习惯，消除农村脏乱差现象，提升农民文明风貌。制定《村民惩戒管理办法》，对村民不文明行为，做出相应处罚措施，激励村民遵守《村规民约》及各项规章制度。组建红白喜事理事会、禁赌协会、纠纷调解协会等村民自治组织，积极响应党委、政府的号召，发挥积极作用，破除陈规陋习，抵制歪风邪气，弘扬新风正气。

3. 优化文化环境

加强农村文化阵地建设，不断健全公共文化服务体系，大力推进传统文化传承。采用统筹整合、变废为宝的方法建设农村文体活动场所，修缮盘活农村祠堂、村级学校等公共资源，积极推进农村综合文体广场、文化室和文化大院建设，扶持一批传统文化继承人、文化示范户、农民图书阅览室、农村民间剧团和农村文体俱乐部。广泛开展送戏、送数字电影、送图书等文化下乡活动，多层面丰富群众业余生活，提升农村幸福指数。加强特色文化村寨保护与建设工作，在充分发掘和保护农村历史文化遗址遗迹的基础上，科学开展历史文化村落保护修复并合理利用，把历史文化底蕴深厚的传统村落培养成传统文明和现代文明有机结合的特色文化村。加大对村落非物质文化遗产的抢救和挖掘工作，切实保护发展好地域传统文化。

4. 强化宣传教育

以培育和践行社会主义核心价值观为抓手，坚持贴近农民实际，在拉家常、聊生活中深入浅出地开展核心价值观宣传教育。充分利用广播、电视、报刊、手机报网络等现代传媒，大力宣传乡风文明行动的重大意义和主要任务，宣传成功经验、有效做法和先进典型。宣传普及与群众生产生活相关的科技知识和医疗卫生健康知识，倡导健康文明的生活方式。宣传群众身边看得见、学得到的模范人物事迹，使农村学习模范、争当模范蔚然成风。通过多种形式的宣传教育活动，不断提高农民文明意识，使其积极参与、主动投身乡风文明行动，自觉维护环境卫生，自觉践行道德准则。

5. 深化公益事业

结合"一进二访"行动、"三下乡"活动和文明单位结对帮扶活动，组织志愿者开展科技助农、文化助农、法律助农、卫生助农、信息助农等活动，将志愿服务从城市向农村延伸。建立健全志愿者招募、管理机制，各乡镇、行政村招募组建志愿服务队伍，组织志愿者开展孤寡老人、残疾人和留守儿童日常照料活动，并以村、社区为单位设立"关爱中心"或互助协会，积极开展村容村貌整治、认绿护绿、关爱留守人员等志愿服务活动。倡导村民亲帮亲、友帮友、邻帮邻、户帮户，就近就便开展邻里守望、互帮互助活动，促进农村和谐稳定。

村党支部在淳化乡风民俗的建设中，通过多种形式，形成了乡风民俗建设的良性循环。

(1)定期组织党员学习，发展年轻的有文化的新党员，不断地补充党支部的新鲜血液。

(2)尊重民俗风情，规范村里的红白喜事事宜。

(3)在司法部门的指导下，调解村里的家庭以及邻里纠纷。

(4)定期公布村级财务，让群众监督村级组织和党支部的财务开支。

(5)对接精准扶贫，对贫困户实行"一对一"的帮助。

(6)对接市场，对全村农业生产实行督促和指导。

(7)掌握民情、社情，对各种潜在的危险把它消灭在萌芽之中。

(8)配合政法部门，对农村的赌博以及六合彩赌博进行规劝和打击。

(9)配合宗教部门规范国家和民族的本土宗教，对外来宗教势力严加防范，特别是邪教势力，严厉打击。

（10）管理环境卫生。

党支部通过做好这一件件具体的为人民服务的事情，赢得了群众的拥护，提升了共产党为人民服务的形象。党支部是直接与人民群众面对面接触的第一服务责任人，党支部形象的好坏，直接关系到党的形象。过去，村党支部的主要工作就是围绕党和政府的中心工作开展具体的工作。新的历史时期，以经济建设为中心，农村以家庭为生产单元，村党支部的工作也就相应减少了。精准扶贫，把家风建设作为党支部重要的工作任务，实际上是拓展了村党支部新的工作空间。

四、移风易俗赋予村党支部新的历史使命

习近平总书记指出："移风易俗、倡导文明的健康的生活方式是脱贫致富的必要条件。"（《学习中国》2015 年 9 月 11 日）

在西方资本主义国家，总统就职都是手按《圣经》宣誓的。表面上，西方国家没有什么思想政治工作，但是，他们的基督教思想教育充满人文关怀。每一个生活小区都有教堂。一个人从生到死，都与教堂有着密切的联系。生，由牧师洗礼；死，由牧师祈祷。每一周，基督教教徒都要到教堂过礼拜。在他们看来，这与我们的党员过组织生活，有着一样的神圣。这些生活中的琐事与教堂连在一起，无形中就实现了基督教价值观思想的灌输和熏陶。社会主义价值观的践行，不能是务虚，也要务实，务实就是党支部要为人民群众做实事，要让党的关怀、党的温暖，看得见、摸得着，党的关怀、党的温暖就体现在党支部和党员的模范带头

作用上，体现在对人民群众的关爱和帮助上。

毛泽东在经典著作《为人民服务》中指出："我们的队伍里，不管是死了谁，不管是炊事员，是战士，只要他是做过一些有益的工作的，我们都要给他送葬，开追悼会。这要成为一个制度。这个方法也要介绍到老百姓那里去。村上的人死了，开个追悼会，寄托我们的哀思，使整个人民团结起来。"为什么要开追悼会？原因就是中国的民情风俗尊重逝者，特别是年长者。而纪念逝者，与民俗中的道场文化又是联系在一起的。这是中国人民团结的天然纽带。"使人民团结起来"，才是我们行为方式的目的。

道场既是一种民俗文化的仪式，也是一种宗教的仪式。宗教作为一种思想形态，一种文化，并不是迷信，而是一种哲学思想的载体，一种精神形态的表现形式。为什么反封建时间这样长久，农村中的一些与宗教仪式有关的风俗却总是抹不去呢？原因就是原始的自然宗教作为传统文化的一种基因和元素，已经深深渗透在民族文化的血液之中，难以分割。文化可以创新，但是，基因却不能重建，只会遗传。人民群众每天就生活在自然哲学文化的海洋之中。面对人民群众的信仰，村党支部成员以及党员对人民群众是讲假话还是讲知心话呢？在信仰问题上，讲假话，老百姓不会听。只有讲真话，讲老百姓的心里话，与老百姓心心相印，才会赢得人心。所以，农村村一级党支部尊重乡土民情风俗，并用现代科学文明以及社会主义核心价值观与民情风俗相融合，实行改革开放历史时期的移风易俗，是新的历史时期赋予党支部的一项具体的思想政治任务和历史使命。党的基层组织特别是宗教任务重的地方基层组织，要切实做好宗教工作，加强对信教群众的工作。

中国是一个社会主义国家，中国共产党作为执政党，对中国宗教改革负有重大的历史使命。在中国现阶段，离开中国共产党的领导，宗教改革进程将一事无成。在中国共产党的领导下，进行宗教改革，是推进中国改革开放事业继续前进的重大措施，宗教改革应该是中国改革开放事业整体的一个重要组成部分。在人类历史的发展过程中，任何用权力摧毁、限制宗教的企图都是不明智的，都是有负面作用的。而只有改革宗教，推动宗教的发展进步，使宗教与时代同步发展，才有可能推动整个社会的全面进步。

"四跟四走"精准扶贫从社会制度和机制入手，从融入市场经济入手，本质上是一场深刻的社会革命。它改变了农村的生产方式，也改变了人们的思想观念。从表面上看，好像与移风易俗无关，与宗教改革无关。但是，在市场经济的海洋中，在外来文化侵袭中国传统文化的大潮中，中国任何人都不可能独善其身，置身度外。在思想文化领域，没有真空地带。唯一可行的是用五大发展理念建设好自己的本民族的文化。信仰丧失，就会匪夷所思；道德沦丧，就会声色犬马；没有是非标准，为人底线，就会贪得无厌，最后终究会被钉在历史的耻辱柱上。从这个意义上说，移风易俗是一场深刻的广阔的社会革命。"四跟四走"精准扶贫只不过是移风易俗这场深刻的社会革命的一个组成部分而已。因为，我们的移风易俗，移来的是五大发展理念之风，易除的是腐败以及贫富悬殊这一社会的恶俗和毒瘤。移风易俗的目的就是要立新规则、新规矩，建设起一个新秩序的新时代。

村党支部移风易俗的历史使命，就是要把五大发展理念的新思想、新文化、新观念创造性地移植到我们的日常生活中去。要用"创新""协调""开放"的思想方法，推行"共建、共赢、共享"的社会风尚。用新的时代风尚，易除"一切朝钱看""有钱能使鬼推磨""人不为己、天诛地灭""人为财死、鸟为食亡"这些封建社会的腐朽的旧思想、旧文化、旧陋俗。一花独放不是春，百花齐放春满园，应该是当今社会精准扶贫的共享的发展境界。

农村党支部把移风易俗的历史使命和责任承担起来，用中国文化的力量、用思想的力量推动精准扶贫，一定会收到事半功倍的效果。因为，文明科学的启蒙与觉醒和物质的力量结合起来，就会产生惊天动地的力量。

"改革开放治愚穷。"改革开放之所以取得伟大的胜利，就是从解放思想开始的。中国人民曾经的贫穷落后，不仅仅是物质的缺乏，更为重要的是文明思想的缺乏。所以，改革开放从治愚昧开始，从思想启蒙开始，只有开展了真理标准大讨论，改革开放才会迈开巨人的步伐。

精准扶贫首先是要扶志，扶志重在扶智，扶智就需要思想启蒙，就需要发展科学文化教育，对于农村来说，首要的就是移风易俗，移来五大发展理念之风，易除迷信金钱至上、权力至上之旧俗。要发展科学文化教育，重点是发展职业教育。怀化市通过职业教育的方式，让农民学到一两门农业科学的生产技术，让农民学习掌握互联网技术，掌握信息化时代的生产工具，使精准扶贫的生产方式与互联网对接，从而实现了信息化时代生产方式的历史跨越。

近年来，习近平总书记几十次强调中国传统文化的重要性，就是呼唤文明的回归与重建。

怀化市委常委、宣传部长钱德喜指出："精准扶贫不去掉愚昧落后，就脱不掉贫穷的外衣。精准扶贫没有思想的启蒙与升华，就走不进市场经济。只有文化与思想的提高与升华，'四跟四走'精准扶贫，才会柳暗花明，锦上添花。"所以，乡村两级党的组织，要把思想教育、职业教育放在重要位置。现在的农民，要摘掉科盲、法盲的帽子，才能做现代化的新时代的农民。只有这样，精准扶贫才会有本质的提高与升华。只有本质的提升，才会有"四跟四走"精准扶贫任务的圆满实现。

第五节 "三个一体化"对农村综合治理以及综合管理服务改革的创新意义

实施"四跟四走"精准扶贫的发展模式，需要社会机制和体制的相适应、相配套。这种相适应、相配套的社会机制和制度，主要有"三个一体化"改革，即农村社会综合治理一体化改革（含市、县、乡三级警务一体化改革），农村社会综合服务一体化改革，县、乡、村反腐败一体化改革。

乡镇党委政府做实、做强、做活之后，社会综合治理成为制度和机制的有机整体。各种配套机制和制度一体化成为"四跟四走"精准扶贫相互依托、相互支撑的不可分离的整体结构。这是社会治理能力和治理体系的综合体现。没有这些系统的配套措施，精准扶贫的目标就会难以实现。因为，精准扶贫不是单一的社会目标和社会治理的措施，而是社会系统工程基础的一环。这个环节决定社会进步的高度，文明科学的高度。所以，社会治理能力与社会治理体系的文明高度也就决定了社会文明与进步的高度。

一、市、县、乡、村反腐败一体化，创新了制度反腐败的新方式

1. 市、县、乡反腐败一体化，是精准扶贫的守护神

反腐败是党中央治国理政的重要决策，是精准扶贫的基石，同时也是制度反腐的第一要义。因为，大的腐败案件，老百姓看不见，摸不着。而身边的腐败却是活生生的摆在老百姓的眼前，不建立健全反腐败的制度和机制，清除身边的腐败，精准扶贫就落实不到位。党的政策落实不到位，人民群众的利益受到损害，党和人民群众的血肉关系就会受到影响，党的执政基础就会大打折扣。

在中方县桐木镇大松坡村，村干部有房有车，但是却吃上了农村的低保，而村里真正的贫困户却吃不上低保。

通道侗族自治县独坡乡原党委副书记、乡人大主席李银吉私刻 144 枚民政救助对象的印章，九年套取民政资金 26.4 万元。

这些身边腐败的事实存在，说明"打老虎"重要，同时，拍"苍蝇"也同样重要。因为，身边发生的腐败事件，老百姓看在眼里，记在心里。基层的腐败直接影响老百姓的利益，直接影响党和人民群众的联系，对于精准扶贫来说，反对和清除身边的腐败行为，就是制度反腐、精准扶贫的第一要义。

怀化市委书记彭国甫认为："只有利益相关，才能血肉相连，如果我们不坚决严肃查处老百姓身边的腐败问题，反腐败的阳光就照不到老百姓的心坎上，共产党的政策就不能得到老百姓的认可和支持，反腐败就没有坚实的群众基础，就不能夯实我们党执政的群众基础。只有市、县、乡反腐败一体化，建立健全反腐败的制度和机制，遏制身边的腐败行为，人民群众才会得到反腐败的红利，这样，人民群众才会信赖党的组织，跟党走。"

怀化市委常委、市纪委书记赖馨正认为："从表面上看，农村的腐败问题就是一个低保的事，就是一个民政款项的事。这些事，表面上看都是小事。但实际上是一个严肃的、重大的政治上的大是大非问题。市纪委应该把它作为大事来抓。从制度上来遏制腐败的滋生。"

湖南省委常委、省纪委书记傅奎对怀化市委、市政府建立健全三级反腐败的一体化机制，用制度来反对身边的腐败问题，来实现精准扶贫，给予了积极支持。认为这种三级纪委机构建立联动的、一体化的反腐败制度，创新了反腐败的制度和机制，是落实习近平总书记"把权力关进制度的笼子里，形成不敢腐的惩戒机制、不能腐的防范机制、不易腐的保障机制"的遏制腐败的有效措施和方法。

为了将三级纪委反腐败的一体化机制落实到位，把人民群众身边的腐败清除出来，怀化市委开展了"七到户活动"，做到民生政策宣传到户，经济信息送达到户，发展生产指导到户，计划生育服务到户，贫困对象帮助到户，问题处理反馈到户，安全稳定落实到户，使政策人人掌握，经济信息人人了解，惠民益处人人享受。把身边的腐败空间压缩到零容忍。为精准扶贫扫除了政治上的障碍，为制度反腐败，接地气，打基础，聚人心，出实效，开辟了新路。

2. 反腐败一体化的制度到位，"雁过拔毛"得到遏制

中国现阶段的腐败问题，关键是制度缺陷性腐败。由于制度的缺陷，腐败的土壤就还存在，这就必然会不断地滋生腐败。只有铲除腐败的土壤，腐败才会得到遏制。而要铲除腐败的土壤，唯有建立反腐败的制度，用制度来反腐败，腐败才会关进制度的笼子，腐败才会失去滋生的土壤。

所以反腐败，重在建立健全制度，重在有人管事，有制度管人。

近年来，怀化市委积极探索和实践反腐败"上山下乡"，大胆创新基层纪检监察机构设置、管理体制和运行机制，推动反腐机构、人员向乡镇和村级组织延伸，成立乡镇纪检监察室，设村级纪检员，为查处发生在群众身边的"雁过拔毛"式腐败问题提供强有力的组织保障。

2015 年，在通道、芷江、中方三个县的 60 个乡镇试点设立纪检监察室的基础上，2016 年，在全市实现乡镇纪检监察室全覆盖。2015 年，在溆浦县 690 个村（社区）党支部设立纪检员试点的基础上，2016 年在全市 2720 个行政村均设立了村级纪检员。乡镇纪检监察室和村级纪检员直面基层党员干部侵占惠农补贴、扶贫救济、低保医保、危房改造资金等发生在群众身边的"雁过拔毛"式腐败问题。2015 年，全市共立案审查乡镇党员干部违纪违规案件 87 件、处分 122 人，立案审查农村党员干部违纪违规案件 382 件、处分 375 人，其中，村支两委班子成员 161 人（村党支部书记 83 人、村主任 36 人）；共清理发现惠农补贴违规资金 3749.11 万元，查处侵占挪用各类补助资金问题 37 个、68 人，查处对群众耍赖账等问题 70 个；取消向农民个人收费项目 31 个，查处乱收费乱摊派案件 45 个。群众纷纷反映："现在反腐败反到我们老百姓的家门口来了，没想到我们老百姓还可以得到这么大的红利。"在党风廉政建设和反腐败斗争责任制检查考核中，怀化市连续两年排名全省前列。

要保证反腐败警钟长鸣，令行禁止，关键是健全建立反腐败的制度，让制度管人。只有制度管人，反腐败才可能遏制住，才可能把腐败遏制在萌芽之中。

3. 互联网＋监督，助推反腐败精准扶贫

（1）运用大数据分析，让"假贫"难以遁形

建立两大数据库，一是将每个人的相关数据存档；二是建立

评议平台，精准扶贫实行阳光政策，相关的政策、个人的信息资料实行群众评议，相当于个人财产公布。

（2）发挥平台优势，畅通群众监督渠道

（3）网上做到三晒，让权力在阳光下运行

一是晒政策，让党和政府的政策深入人心；二是晒干部职能，让权力运行公开透明，使职能规范公正到位；三是晒精准扶贫的全过程。让群众全过程参与精准扶贫的事项，对权力运行实行公开监督。

（4）创新实体监督机制，实行网上网下联动对接

一是建立市、县、乡三级联动的监督机制；二是明确各职能部门的责任和权力；三是建立人机结合的工作机制，让网络监督有人管机器、有人管事、管人。做到件件监督有回复意见、有处理结果，开创网络民主监督的新模式。

4. 市、县、乡反腐败一体化，创新了反腐败的制度和机制

腐败的土壤在于缺乏有效的监督机制。绝对的权力，就是绝对的腐败。

作为村级，本来是没有腐败空间的。这里是国家利益链的最末端。国家的惠民政策都是通过村级来实施、来发放的。但是，既然有利益，有时又缺乏监督机制，就会有腐败的产生。特别是像扶贫款的发放、民政补贴、危房改造等项目，有的村干部往往是欺上瞒下，采取冒领的手段，贪污公款。市、县、乡三级反腐败一体化，层层监督，层层检查，层层落实，这样就把腐败的空间压缩到了最小的空间。

市、县、乡三级政府，其利益的链条是从上往下延伸的。反腐败一体化，监督了国家惠民政策落实的末端全过程。假如不是三级反腐一体化，腐败的空间就仍然会有可能滋长。县、乡两级联动腐败的案例很多，而三级政府反腐败一体化联动，相互监督的力量就大了。腐败的空间相对就少了。

三级反腐败一体化，本质上是加大监督的力度，形成反腐败的多空间、垂直立体的一体化反腐败机制。

西方的权力是三权分立，相互监督和制约。中国的这种三级反腐败一体化，也可以看作是一种三级权力相互制约的创新机制。从目前怀化精准扶贫的实际效果看，这种三级权力的相互监督和制约，其反腐败的效果还是很不错的。

习近平总书记指出："要切实解决发生在群众身边的不正之风和腐败问题，要坚持党纪国法面前没有例外，不管涉及到谁，都要一查到底，绝不姑息。要全面加强惩治和预防腐败体系建设，加强反腐倡廉教育和廉政文化建设，健全权力运行制约和监督体系，加强反腐败国家立法，加强反腐倡廉党内法规制度建设，深化腐败问题多发领域和环节的改革，确保国家机关按照法定权利和程序行使权力，要加强对权力运行的制约和监督，把权力关进制度的笼子里。"（《习近平谈治国理政》，外文出版社 2014 年版，第 388 页）怀化市三级反腐败一体化机制，就是对权力运行的制约和监督的一种创新形式。这种创新的反腐败机制对精准扶贫来说，对反腐败来说，都是值得肯定和复制的。

二、社会综合治理一体化，创新了社会管理与执法为民的新模式

1. 综合治理一体化是体现治理能力、治理水平、治理体系的最佳平台

要提升社会治理能力和治理体系的现代化水平，综合治理是一个标杆。

怀化市农村的综合治理一体化，创新的意义在于治理制度更新，措施和手段接地气，落实在基层，扎根在群众，与信息化时代的技术进步和民主科学的思想发展相结合，创造民主政治的新模式。而不是写在纸上，贴在墙上，喊在嘴里。更不是僵化、固执、保守旧的思想传统和过时的思想观念、旧的工作方法，刻舟求剑，胶柱鼓瑟，照本宣科。

（1）创新综合治理的人事制度，接地气，出成果

目前，怀化所有乡镇综治委主任均由乡镇党委书记担任，综治中心主任由专职副书记担任，每个乡镇均明确了1—3名综治专干。综治中心经费均纳入县市区财政预算，做到专款专用。乡镇综治中心通过整合公安、司法、民政、人社、林业、国土、信访、维稳、法院等基层力量，搭建统一工作平台，对矛盾纠纷受理、登记、交办、承办、结案各个环节实行"一个平台受理、一站式办结"，由中心根据实际需要，明确调解责任单位和责任人，有效地解决了推诿扯皮、不作为、慢作为的问题，真正实现统一受理、集中梳理、归口管理、依法处理、限期办理。在湖南省14个市州社会治安综合治理及基层干部作风建设民意调查中，2015年下半年怀化市

由 2014 年上半年的全省第 13 位上升到第二位。2015 年下半年省综合治理民调中,群众对"乡镇(街道)综合治理部门"知晓率,怀化排名全省第一。

这种综合治理的人事制度的改革和配置,接地气,重实践,出成果。在社会治理体系中,用人是关键的。因为,治理体系都要靠人去实行、操作、运转。没有人员到位,具体办事的人没有责、权、利,再好的制度,再好的理想,也是虚化的,只有改革治理体系的人事制度,用好人,才能出成果,出效益。

(2)技术创新+制度创新,实行网上信访全覆盖,创新了农村民主政治的新模式

为运用互联网新思维和互联网新平台,实现"人来人往"的信访向"网上来往"的信访转变,怀化市委、市政府在芷江侗族自治县开展试点。

信访是国家宪法赋予人民群众的自由权利,是党和政府联系人民群众的桥梁。同时,这也是农村综合治理的重要的手段和措施。农村综合治理好不好,关键的一条就是要看人民群众的来访来信多和少。怎样处理人民群众的来访来信?无论是赞扬党和政府工作的,还是提出批评建议的,都是人民群众信任党和政府,与党和政府保持密切联系的一个重要渠道。党和政府要搞好综合治理,一定要利用好信访这个平台,通过信访,发现问题,解决问题,通过信访,保持党和政府与人民群众的密切联系,而不是把信访当作包袱,更不要把信访者打入另册。要摒弃那种认为信访多就是问题多,信访少就是问题少的错误观点。更不要把信访

者当作党和政府的对立面来处理。而是要把人民群众的来信来访当作一笔笔财富，从中吸取营养。要把人民群众的诉求作为我们工作的动力，不断地加以改进；要把人民群众的意见当作我们工作的鞭策，不断地完善我们工作的措施和方法；要把人民群众的检举控告当作反腐败的导引线，深追细查；要把人民群众的来信来访，作为党和政府联系人民群众的桥梁和纽带，不断地加以充实和提高。

能不能正确对待人民群众的来信来访，直接体现了我们为人民服务的忠诚度。那种对有不同意见的信访者，采取围追堵截的手段，甚至动用专政机关来处理人民群众的来信来访，直接破坏了中国共产党执政为民的优良传统，脱离了人民群众，造成了人民群众与党和政府的隔阂。这其实是破坏党和政府与人民群众血肉相连的一种恶劣行为。各级人民政府必须杜绝这种行为的产生。要充分尊重和保证人民群众信访的权利。2005年4月，国务院新闻办公室发布的《2004年中国人权事业的进展》白皮书指出："国家通过信访渠道依法保障公民的批评、建议、申诉、控告和检举的权利。"（《人民日报》2005年4月24日）这是社会主义民主与法治的基本精神与原则。任何一级党组织、任何一级人民政府，都不能做出任何与国家法律以及党章、党纪相违背的事情。

在当前信息化的时代，为了搞好人民群众的来信来访，怀化市重点是通过"四级网络、五大平台"建设，着力推进网上信访全覆盖，进一步拓展群众信访渠道，减少群众信访成本。2016年12月前，通过整合网上信访信息系统、怀化五溪论坛、市长信箱、

12345市长热线以及组织部门、纪检部门举报受理系统等室内信息资源，建成网上信访大厅，集网上信访、问政于一体，信访群众可以通过平台相应信访渠道反映诉求。建立乡级网上信访受理中心，确保群众在网上投诉的一般信访问题在乡镇就及时解决。

建设村级信访e站，将网上信访大厅服务功能延伸到村和社区，打造社区（村）"信访e站"工程，做到信访人不出社区（村）就能在网上反映诉求。

建立市、县两级视频信访系统，定期开展视频接访，方便群众反映诉求。

开通移动信访终端，适应移动互联网发展趋势，打造手指上的信访局，通过下载APP和扫描二维码，就可进入省、市、县、乡各级网上信访平台进行网上信访。

拓展网上信访平台，将网上信访平台由内部向外部延伸，重点做好新华网发展论坛、人民网地方领导留言板、红网问政湖南、百姓呼声、怀化论坛、华声在线投诉直通车和华声论坛等各大主流网站、问政事项回复及引导工作。

健全网信办理机制，实行网上信访全回应。其中一般信访件由市信访局处置，涉法涉诉类信访件转市委政法委处置，投诉举报类信访件转市纪委、市委组织部等部门处置，建言献策、咨询类问政留言转相关单位处置，易演变为网络舆情类留言由市委宣传部（网宣办）按照舆情处置原则和流程加以处置。

对网上收集的信访件，最长不能超过3个工作日就给予答复。对网上问政事项，一般问题原则上要在5个工作日内答复，重大问题可据实延长回复时限，对其他不能办理的留言，由有权处理部门做好回复解释工作。

建立办结反馈机制，信访事件办结后，由信访人对办理结果在网上信访平台进行反馈打分。设置"五星级"评分标准，五星为非常满意，四星为比较满意，三星为基本满意，二星为一般，一星为不满意。信访办结反馈情况作为衡量责任单位开展网上信访工作的重要依据列入年度考核。

建立大数据库，依托怀化云中心平台，建立全市信访信息数据库，对全市近三年来主要网络平台的网民的留言及办理情况进行采集、审核和录入，初步建立市、县市区、乡镇(街道)、村(社区)四级信访投诉信息数据库，以便及时了解群众初访、重访、复核复查和各级调查处理情况。

科学研判形势，加强对信访大数据的综合利用，做到"一周一分析、一周一研判"，为各级各部门信访提供参考。通过大数据分析，研究信访群众的年龄层次、知识结构及利益诉求等情况，针对不同领域的网上信访事项制定相应的处理办法，为各地各部门处置类似信访事件提供参考。对信访事件多、发生领域多的地方和部门及时进行预警，以便科学决策，及早预防，把矛盾问题解决在当地、化解在基层、消除在萌芽状态。

强化责任追究，对于网上信访及问政(包括舆情应对处置)中出现超时不办理不回复、推诿敷衍、不及时应对等引起网民不满2次以上(含2次)，由市委有关领导约谈责任单位主要负责人，责令整改；引发网络舆情危机，造成严重后果的，由纪检监察机关对相关责任人依法依纪给予相应处分。同时，规范网上信访秩序，对扰乱秩序、恶意诽谤攻击他人的，依法追究信访人责任。

强化经费保障。将网上信访平台建设经费（含手机 APP 端开发推广费用）列入市信访专项经费，网上信访平台运转经费由市信访局统筹安排，按照《人社部、财政部〈关于调整国家信访局信访岗位津贴实施范围和标准的通知〉》规定，由市、县两级财政按要求为专、兼职网上信访工作人员足额发放"信访岗位津贴"，信访数据库直接由"智慧怀化"项目统一建设后移交给市信访局。

由于实现了网上信访全覆盖，网上信访全回复，网上问题诉求全跟踪、全落实的方式，怀化的信访工作出现了为政府献计献策的大好局面。上访的人少了，上网的人多了。申诉的人少了，提合理化建议、献言献策的人多了。2015 年，怀化的农村综合治理评分名列全省前茅。

习近平总书记指出："要把权力关进制度的笼子，一个重要的手段就是发挥舆论监督包括互联网监督作用。"（《人民日报》2016 年 4 月 20 日）怀化网络信访全覆盖，充分尊重了人民群众参政议政、监督政府工作的权利，充分保障了人民群众民主政治的权利，这种新的民主政治的形式，其实就是一种政治制度的民主改革。因为，它符合目前我国宪法的精神与原则，又与信息化时代的科学技术手段紧密相结合，创新了农村民主的新方式，既民主又科学，是信息化时代民主政治的一种创新模式。

网上信访全覆盖是技术性的创新，也是一种制度的创新，不断地发展和延伸，网上信访还可以发展为网络民主的方式，今后选举村级领导班子，家家户户在网上就可以点击投票。这样既科学，又真实。信息化时代的技术发展必定带来政治、经济、文化的大发展、大变化，这是怀化精准扶贫网络信访带给我们的新启示。这也是我们应该注意到和应该掌握的信息化时代创新的民主政治的新模式。完善和拓展这种网络化的民主方式，是我们的新任务。

2. 市、县、乡三级警务一体化改革，创新了执法为民的治安管理新方式

（1）实行从"维稳"到"为民、便民"的转变，三级警务一体化创新了社会治安管理的新方式

国家警察是国家机器。中国是社会主义国家，国家机器是为人民服务的。这是由中国的国家性质所决定的。无论是防恐、防爆，还是维护社会治安，其目的和宗旨都是为了人民的生活幸福、安康，为了国家和人民生命财产的安全。任何离开这一目标的行为都是有悖于公平公正执法的。执法为民才是国家机器的神圣职责。任何时刻，在任何地方，人民警察都不能违背这一神圣的职责。这是马克思主义国家管理的基本原则。正如马克思指出的那样："政府应执行的合理职能，则不是由凌驾于社会之上的机构，而是由社会本身的承担责任的勤务员来执行。"（《马克思恩格斯文集》第3卷，人民出版社2009年版，第223页）

当前，公安机关存在着"资源分割严重，指挥层级过多，机关化、行政化严重，管控机制脱节，打防效能不高，技术方法落后，服务基层、服务群众堵在'最后一公里'"等突出问题。"维稳"成为了公安工作的一种经常性任务，也成为了一种疲于奔命的负

担。本来,"维稳"按照一般的理解,也是人民警察的职责和义务,但是,由于过分强调"维稳",重心"维稳","维稳"成为压倒一切的中心任务,特别是把"维稳"的对象指向人民群众,例如复员军人、拆迁失去土地的农民,因不满腐败而受到欺压的百姓人家、上访群众,这样,"维稳"的内容和性质就发生了变化,也正如列宁所说的那样:"真理多走一步,就成了缪误。""维稳"不是维护最广大人民群众的利益,而是维护少数既得利益者的利益,公器私用,"维稳"就不再是社会稳定的凝聚力、向心力,而是变成了间离党和政府联系人民群众的腐蚀剂。像重庆王立军结党营私的维稳,像周永康、刘汉那样利益捆绑的维稳,维稳就是社会文明进步的阻力了。任何社会的国家行为,只有立党为公,执政为民,才会得到人民的拥护。"江山就是人民,人民就是江山。""水可载舟,也可覆舟。"正如习近平总书记2014年在参加全国人民代表大会上海代表团讨论时所说的那样:"加强和创新社会治理,关键在体制创新,核心是人,只有人与人和谐相处,社会才会安定有序。"

为解决这种困局,怀化市公安局在省委、省政府以及省公安厅的领导和支持下,按照习近平总书记"把人民群众对平安中国建设的要求作为努力方向"的指示,通过深化"三级一体"警务改革,不断完善与推进怀化社会治理体系和治理能力现代化,建设与中国特色社会主义法治体系相适应的现代警务运行机制和执法权力运行机制,打通服务基层、服务人民群众的"最后一公里"。湖南省副省长、公安厅厅长黄关春,怀化市副市长、市公安局局长胡长春对这种转变称之为由维稳到为民、便民的根本转变。

过去，公安维稳是一项经常性的动态的社会治理行为。一些地方政府为了经济建设项目，例如拆迁，经常派遣公安队伍冲在第一线，与人民群众的利益发生了直接的冲突，从而使公安队伍在人民群众中留下了一些负面形象。为了改变这种印象，怀化市实行市、县、乡三级警务一体化建设，从全方位、全系统的角度改变公安工作的治理结构和治理能力，把公安工作由过去的"维稳"重心，向"为民""便民"的重心和方向转变。

其一，改革便民服务方式。打破"服务方式单一、服务手段传统、服务范围不广、服务效率不高"的被动局面，按照"便民快捷、智能高效、服务一流、群众满意"的要求，组建市、县两级"便民服务中心"，整合人口与出入境、交警、消防、治安、禁毒、网安等警种窗口服务职能，大力推行自助办证、网上办证。积极推动人口服务管理与交通服务管理向农村延伸，完善"网上公安局"便民服务功能模块，研发掌上便民APP，最大限度方便群众办事，逐步实现农村群众"办证不出村"。把公安工作的责任心由"维稳"变为"便民、为民"。实现了平安社会，人人有责、人人平安的大好局面。

其二，改革执法管理方式。打破"立案不实、执法不严、质量不高"的被动局面，按照"规范执法、动态研判、流程管理、提升质量"的要求，研发执法管理信息系统，组建市、县两级"执法管理中心"，推行受案立案、法制员派驻、办案积分、涉案财物条码式管理等制度，将监督关口由立案前移至报警环节，实现对案件办理全领域、全流程的规范、精细、科学的管理和监督，全面提升公平、公正的办案质量和办案水平，真正实现在法律面前人人平等的执法理念。

(2)实现"维稳"到"为民"的转变，关键是三级警务治理体系一体化

要实现"维稳"到"为民"的转变，关键是市、县、乡三级警务治理体系的一体化管理。因为只有一体化管理，才能规范执法行为和执法队伍，杜绝人情执法，利益驱动执法，领导个人意志执法，甚至钓鱼执法。为此，市公安局组建10个中心，即指挥中心、侦查实战合成中心、治安防控中心、情报信息中心、执法管理中心、刑事科学技术中心、便民服务中心、新闻信息中心、警务实战训练中心、绩效督导评估中心；县市区公安局组建7个中心，即指挥中心、侦查实战合成中心、治安防控中心、情报信息中心、执法管理中心、便民服务中心、绩效督导评估中心。在城区、城关派出所推行"一二三"勤务模式，即一个中心二队三室，"一个中心"即警务合成中心，下设"四区一组"，分别为指挥调度区、视频侦查区、情报研判区、接警区、刑事侦查组；"二队"即社区警务中队、治安管理中队，"三室"即勤务接待室、矛盾纠纷调解室、执法管理室。在农村派出所实行"四联四到村"模式，即侦查中心、防控中心、情报信息中心、便民服务中心联通至农村派出所，民警包保责任到村、安全防范宣传到村、治安联防群防群治组织到村、便民服务到村。

这样周到的为民、便民措施，改变了公安工作过去那种常常因突发事件而出现的维稳任务压倒一切的执法方式，转变到常态

的为民、便民服务，把社会的平安贯穿在为民、便民服务的工作之中，把引发社会的不稳定因素消除在为民、便民的服务之中，实现社会治安工作的长治久安、为民、便民即平安的局面。

（3）三级警务一体化关键是人、财、物、信息、技术实行一体化管理

要实现治理体系一体化，关键是实现人、财、物、信息、技术的一体化管理。要杜绝基层派出所办案收费、非法罚款、人情执法、钓鱼执法等各种非法行为。实行警务一体化管理就是设置制度的笼子，把警察的权力关进制度的笼子，就能公正执法，文明执法，取信于民，方能为民、便民。

具体措施是：

其一，改革侦破打击方式。

打破当前"信息共享难、专业研判难、合成作战难、资源与任务匹配难"的被动局面，按照"手段集成、合成作战、攻坚克难、精确打击"的要求，研发合成作战信息系统，成立"侦查实战合成中心"，统一由一名局领导分管。在市局层面，按常态固定、定时集中、特定状态全员集中三种模式，对刑侦、禁毒、经侦、治安（侦查）、网侦、技侦、图侦、情报、刑事技术等人员、资源、手段进行机制整合，全天候为实战部门提供支撑和服务，力求实现信息资源最大程度共享、工作手段最大限度集成、反应速度最大限度提高，实现侦查效率最大程度提升。在县局层面，在机构不撤、职务不变、职数不减的情况下，将刑侦、禁毒、经侦、治安（侦查）等部门进行实体整合，提升了公安工作的整体的治理能力和治理体系的能力。

其二，改革治安防控方式。

打破当前"防控力量分割、打防管控脱节、防控盲目被动、防控效能低下"的被动局面，按照"精准评估、精确预警、全面防范、重点管控"的要求，研发治安防控信息系统，组建市县两级"治安防控中心"，整合治安、特警、武警、交警、消防、基层基础等职能和人员，建立社会治安评估、重点车辆落地查控、重点人员一体化管控、行业场所预警防范、防控责任倒查等工作机制。加大"天网工程"建设力度，全力实现治安监控探头2016年年底前市县两级城区全覆盖、2017年年底前建制镇全覆盖、2018年年底前重点村镇全覆盖的目标，彻底消除视频监控盲点，提升了社会治安综合治理、科学防控的整体治理能力和水平。

其三，改革指挥调度方式。

打破当前"指挥层级过多、指挥手段单一、反应速度不快、警令政令不畅"的被动局面，按照"权威高效、科学指挥、扁平调度、快速反应"的要求，依托4G无线图传、PGIS警务地理信息系统、数字无线集群等现代信息科技成果，研发指挥调度信息系统，建立值班备勤、信息报送等工作规范和联勤指挥调度机制，实现指挥中心全面转型升级。这样，提升了治安工作的科学化管理水平和能力。

其四，改革情报研判方式。

打破当前"情报数据共享不够、归口不一，情报研判不精、应用不深"的被动局面，按照"情报主导、信息整合、研判预警、主动攻防"的要求，研发情报研判信息系统，组建市县两级"情报信息中心"，整合情报研判力量和情报、反恐、国保等所有具备情报研判业务警种资源，管理情报信息网络体系，牵头情报信息采集，对情报信息进行综合性、深层次研判，更好地服务警务实战和领导决策，提升了公安工作治理体系民主化、科学化的决策水平。

其五，改革舆情监控方式。

打破"正面宣传效果欠佳、负面舆情时有发生"的被动局面，按照"发好声音、创好典型、引好舆论、鼓好士气"的要求，组建市公安局"新闻信息中心"，整合所有警种新闻信息资源，建立新闻信息归口报送、新闻信息统一发布、涉警舆情动态监控与引导处置、典型发掘培育等机制，规范公安新闻信息发布工作，最大限度地减少涉警负面舆情，最大限度地发挥公安宣传凝聚力的作用。改变了公安工作神秘、冷漠的形象，提升公安队伍与人民群众的亲近感、亲密感。化油水关系为鱼水关系，即过去公安工作与人民群众像油与水的关系，分隔层次，不融洽。鱼水关系就是警民一体的关系，是谁也离不开谁的一家亲的关系。

其六，改革刑事技术管理方式。

打破"现场勘查、检验鉴定、研判比对效率不高"的局面，按照"科学严谨、规范高效、精勘细验、强力支撑"的要求，研发刑事技术信息系统，组建市公安局"刑事技术科学中心"，整合刑事技术资源，加强刑事技术信息源头管理与研判比对，实现对刑事技术部门工作全方位科学考核和有效管理，更好地引领侦查，支撑诉讼。

其七，改革督导评估方式。

打破"工作考核和民警评价不精准、不科学"的被动局面，按照"减错增效、精督细管、陟罚臧否、公正公平"的要求，研发绩效督导评估信息系统，组建市县两级"绩效督导评估中心"，整合警令部、政治部、督察、法制等部门督导评估职能，归集督察、法制、监管、人口等部门视频监控资源，对部门、民警个人工作开展情况进行自动、智能提醒，跟踪督促，促进民警工作作风转变，切实提升全市公安机关工作的为民、便民的执行力和工作效率。

其八，改革实战训练方式。

打破"理论与实战脱节、训练与技能脱节"的被动局面，按照"贴近实际、突出实战、讲究实用、注重实效"的要求，组建市公安局"警务实战训练中心"，整合政治部、警培部、特警等教育训练业务，通过以战带训、岗位能手评比、警务技能人人过关等方式提升民警实战能力，着力推动警务实战训练工作常态化开展。

其九，改革派出所勤务模式。

在城区、城关派出所，设置一个中心二队三室，对派出所警力进行优化重组。在农村派出所推行相邻农村派出所警务联勤机制，实行"四联四到村"模式。

由于实行了三级警务一体化，警务活动纳入规范化、科学化管理，最大限度地避免了警务活动中出现的违法乱纪行为。同时，也提高了警务的工作效率。最重要的收获还是树立了人民警察为人民的公仆形象，加强了人民警察与人民群众的密切联系，这也是巩固了党的执政基础。因为，得民心者得天下。

(4)三级警务一体化的核心是执法为民、与民同心

通过推进警务资源立体化整合、警务情报信息化支撑、警务活

动实践化运行，实现警务围绕中心工作转、警力围绕群众安全转。突出城市侦查破案和农村服务群众的改革重点，分步推进上级机关和农村基层警务体制改革，把公安系统内部一体化与社会管理紧密融合，加速推进社会管理一体化。特别是要按照正规化、规范化和标准化的要求，加强农村基层派出所、社区警务室建设。

2016年，按照同类派出所的机构级别、人员编制、工作职责、经费保障等方面一致的原则，怀化市新建乡镇派出所69个，实现乡镇设立派出所全覆盖，推动警力真正下沉到乡村、社区，让机关瘦身健身，让基层强起来、硬起来、活起来、动起来。警务一体化改革实现了"五升、三降、两加强"，"五升"就是侦破打击能力提升，动态驾驭社会治安能力提升，服务效能提升，规范执法水平提升，公安工作社会化程度提升；"三降"就是发案下降，民警压力下降，警务成本下降；"两加强"就是基础工作得到加强，队伍作风得到加强。2015年11月"三级一体"警务模式改革以来，怀化市共破刑事案件2738起，破案率为63.76%；全市共立刑事案件4294起，同比下降14.27%。2015年，受理公安举报投诉数、违法违纪案件数和处理警务数同比分别下降45.7%、59.6%和65.8%，全市公安队伍形象排名全省第一位。

总而言之，怀化市警务工作一体化，就是以为民、便民为中心，为重点，化突击"维稳"、重点"维稳"为"便民""为民"常态化。提升公安工作治理能力与治理体系的现代化整体水准。改变了人民警察因为"维稳"而产生的与人民群众对立的思想和情绪。过去，因为"维稳"是压倒一切的中心任务，好像社会时刻处在火山口上，防不胜防，社会治安工作疲于奔命，心理压力和社会压力都很大。变"维稳"为"便民、为民"之后，社会和谐稳定，社会治安工作安定有序。警务工作科学化、规范化管理，警务工作的效率大为提高，人民警察为人民的形象大幅度提升，警民关系更加密切。三级警务一体化成为与新的历史时期相适应的创新模式越来越受到人民群众的欢迎和社会的认可。

三、农村综合服务一体化改革，创新了农村社会民主管理的新方式

1."互联网＋"，创新了农村综合服务一体化的科学新平台

怀化市在精准扶贫中，以"互联网＋"为平台，实行了综合服务一体化改革，包括"互联网＋民生服务""互联网＋生产销售服务""互联网＋民政服务""互联网＋信访服务"等。

目前，怀化村村实现了网络的全覆盖。这种现代化的服务手段运用到精准扶贫之中，使精准扶贫迈入到了信息化时代，从而进入到一个文明科学的现代化生活。这是精准扶贫最具现代化意义的措施和手段。

以往的扶贫，往往是送钱、送物，只有输血功能，没有造血功能。钱用完了，物质用完了，有的贫困户照样贫困。而"互联网＋"的方式注入精准扶贫之中后，脱贫的功能即刻由输血功能上升到造血功能，而且是自动造血功能。通过"互联网＋"的方式，贫困户的生活方式和生产方式与"互联网＋"捆绑在一起，使贫困户的生活质量与生产效率发生了巨大的质的变化。

在生产方式上，现代化的"互联网＋"，使生产方式具有信息化时代的特点，让农户，特别是贫困户享受到了现代化信息时代带来的文明科学的益处，提高了生产效益。在生活质量上，农户不出门，全知天下事，精神文化生活与现代化文明相接轨。

扶贫先扶志，扶志先治愚。农村的贫困户，除了因病、残疾的原因致贫以外，一般情况的致贫主要是没有科学文化知识，找不到致富的门路，有力无处使。所以，扶贫首先是扶志，扶志重在治愚。特别是在信息化时代，没有科学文化知识，就等于是瞎子、聋子、瘸子。

农村实现"互联网＋"的生产方式和生活方式之后，科学教育成了首要任务。由于农村实现了免费的九年制义务教育，文盲已经没有了，但是，科盲、法盲却是普遍存在。要掌握现代化的网络使用技术，就必须加大科学知识的普及、法律知识的普及。让农民成为新时代新农村的新农民。有知识、有文化的农民普及了，精准扶贫的基础也就牢固了。所以，在互联网时代，农村普及信息化技术是精准扶贫的一项基本的任务。

2."互联网＋"连接四面八方，创新了信息化时代综合服务、公共服务的新平台

过去的时代，财富的标准是金钱、土地，是住宅。信息化时代，财富的标准是思想、科学技术，是信息的掌控和运用。谁掌握了信息，谁运用信息技术，谁就掌握了财富。中国的淘宝、腾讯、搜狐等，都是信息化时代运用信息技术致富的典型代表。

2016 年 4 月 19 日，习近平总书记在网络安全和信息化工作座谈会上指出："要加大投入力度，加快农村互联网建设步伐，扩大光纤网、宽带网在农村的有效覆盖。""可以瞄准农业现代化主攻方向，提高农业生产智能化、经营网络化水平，帮助广大农民增加收入。""可以发挥互联网在助推脱贫攻坚中的作用，推进精准扶贫、精准脱贫，让更多困难群众用上互联网，让农副产品通过互联网走出乡村，让山沟里的孩子也能接受优质教育；可以加快推进电子政务，鼓励各级政府部门打破信息壁垒，提升服务效率，让百姓少跑腿，信息多跑路，解决办事难、办事慢、办事繁的问题。"（《人民日报》2016年4月20日）

目前，怀化市会同县在各村设立民生服务站，整合农村各种服务资源，以信息进村和"互联网＋"为实现途径，向上对接政府部门的各项职能服务和社会各项公共服务，向下承接村民各类需求的生产服务和生活服务，创新了信息化时代农村综合服务的新的方法和手段。

（1）市场化运作按照"政府引导、社会协同、企业运营、群众共享"的模式，引入第三方企业——德一民生事务服务有限公司独立运营。

（2）政府引导，就是政府协调提供经营场地，将政府涉农职能与资源整合起来，打捆交由民生服务站统一经营代办，并按协议向企业支付购买服务成本。

（3）社会协同，就是电信运营商、金融服务商、生活服务商、电商平台等社会力量通过民生服务站协同开办业务，收集发布信息，实现资源共享、信息共用。

（4）企业运营，就是项目实行企业化、市场化运作，村级民生服务站由项目运营企业投资建设，在各村聘请代办员办理业务，企业主要收入来源于政府购买服务收入、商业合作企业返还收入、供销便民服务收入、新植入电子商务等惠民元素经营收入，自主经营、自我管理、自负盈亏。群众共享，就是民生服务站向村民提供服务实行"零收费"，村民足不出户即可享受与城市居民同等、便捷、有效的服务。

3."互联网＋"，新农村综合服务一体化的全方位的服务功能

怀化市会同县村级网络的民生服务站主要为农村群众提供政务服务、商业服务、公益服务三大服务项目。

政务服务方面，将29家县直单位77项与群众密切相关的政务服务事项汇编成《德一民生代办政务服务事项服务指南》并植入电脑，方便群众随时查阅；将县电子政务外网建设延伸到村级民生服务站，县政务服务中心与村级民生服务站"两位一体、同步运行"，广大村民像逛淘宝网一样"逛政府"，变行政服务由"人来人往"为"网上往来"，变"群众跑腿"为"信息跑路"，变"群众来回跑"为"部门协同办"，既提高了行政效率，又方便了群众办事。

商业服务方面，电信运营商、平台电商、金融服务商、生活服务商等合作企业，借助村级民生服务站平台统一布点、开办业务，建起了农村综合商业服务"超市"，广大村民"进一个门、购多项需"，足不出村即可交水电费、话费、保险、有线费以及小额取款、收发邮件、包裹等，有效地解决了农村市场服务"碎片化"的问题。

公益服务方面，民生服务站为村民免费提供农副产品购销信息，提供代写文书、打字复印、网上购物、网上订票等服务事项，代管农家书屋、关爱留守儿童、照料老年人等公益服务工作。这些贴心、温情的服务，让广大村民充分感受到政府就在家门口、就在身边。

通俗地讲，民生服务站就是政府部门的"代理公司"、商业企业的"营销公司"、村支两委的"物业公司"和广大村民的"跑腿公司"。这种"互联网＋"的生产方式已经显现了强大的生命力和创造力，在信息化时代，也必将会有更大的发展。

第四章
"四跟四走"精准扶贫的实践创新意义

第一节 创新——"四跟四走"精准扶贫的核心价值

一、创新是精准扶贫的核心价值，也是中国传统文化的核心价值

怀化"四跟四走"精准扶贫在实践上的意义首先是创新。创新是党的十八届五中全会确定的五大发展理念之首。这是马克思主义的本质和灵魂，也是中国传统文化的本质和灵魂。

英国著名历史学家汤因比仔细研究比较了世界历史上生存过的几十种文明状态，得出结论，中国传统文化是最具生命力的。

在世界文明历史和范围内，曾经有过几十种文明，较大流派的有 26 种。最后剩下的与中国古代文明并驾齐驱的只有古印度文明、古埃及文明、古希腊文明、古罗马文明和古巴比伦文明这六种。这些文明，有的中断了，有的湮没了，有的倒退了，有的中断又重新延续了。世界上只有一种文化和文明是绵延不绝的，这就是中国的传统文化。世界上没有任何一种文化的历史有中国传统文化这样悠久灿烂。五千年文明的延续，中国传统文化保持青春的奥秘在哪里？许多国家的思想家都在思考这个问题。

创新！创新！再创新！中国传统文化永远充满青春活力的奥秘就在于此。

有的人认为中国传统文化是保守的，是落后的，这完全是一种错误的看法和认识。从本质上看，中国传统文化是创新的。《礼记·大学》说"苟日新，日日新，又日新"。讲的是要每一天都要维新、革新。

《易经》说"变则通"，用现代的语言来说就是"易经是变化的科学，是通达的科学"。这个"变"，是随着时空的变化而变化的，变化就是创新。

《易经》是中国传统文化的第一块基石。乾卦说："天行健，君子以自强不息。"开宗明义地点明了中国文明的基石就是"自强不息"。自强不息的本质核心与内容就是创新。

唐代的大思想家韩愈说"所居之时不一，则所蹈之德不同"（《四库全书荟要》第80卷，吉林人民出版社1997年版，第284页），阐述的是与时俱进。与时俱进就是创新的进行时态。

所以，中国传统文化的发展，不是胶柱鼓瑟，不是坐享其成，不是守株待兔，不是刻舟求剑，不是照本宣科，不是静止不前，而是在"坐地日行八万里，巡天遥看一千河"的壮阔行程中，倾听星海的潮音，感受宇宙的律动，从而与时俱进。把住时机，作出最佳选择，获取一个又一个的胜利。

怀化的"四跟四走"精准扶贫，在实践上的核心价值就是创新，就是与时俱进，就是抓住精准扶贫的历史机遇，创新发展扶贫之路。

因为,"四跟四走"的精准扶贫模式是怀化市创新的扶贫模式。

这个模式创新了制度。因为,"四跟四走"是制度创新的产物,没有简政放权,"四跟四走"就不可能实施。

这个模式创新了生产方式,新的集体经济、新的农业合作社(公司)为精准扶贫注入了活力,让精准扶贫、精准脱贫成为现实。

这个模式创新了农村基层村党支部的发展空间与战斗力,使村级党支部从有实名无实力到重新充满活力,成为精准扶贫的战斗核心与堡垒。

这个模式创新了农村城镇化之路,通过生态移民、易地扶贫搬迁建设旅游特色村寨、建设乡村工业园等各具特色的卫星(微型)城市成为了精准扶贫的平台与载体。

这个模式成为怀化市"市县乡反腐败一体化、农村综合管理一体化、农村综合治理一体化(含市县乡三级警务一体化)"的重要推手,其价值核心就在于创新。

"四跟四走"的模式是一个结构完整、环环相扣、科学合理、真抓实干的创新工程。"资金跟着贫困人口走",这是精准扶贫的原则和基础,明确了精准扶贫的对象和意义。"贫困人口跟着致富能手走",这是明确了精准扶贫的方向。"致富能手带着贫困人口跟着产业项目走",这是明确了精准扶贫的路径。"产业项目跟着市场走",这是明确了精准扶贫的市场导向。四个环节,一环扣一环。每一个环节都得真抓实干,来不得半点虚假。而且,目标是明确的,是科学的。以市场为导向,是"四跟四走"精准扶贫的价值取向和目标。这个目标是以创新来支撑的。

"四跟四走"精准扶贫,既是精准扶贫的管理工程,同时也是一个创新的发展市场经济的系统工程。

二、没有创新就没有发展,古今中外,概莫能外

创新是一切社会形态生存发展的动力,没有创新就没有发展。怀化市"四跟四走"精准扶贫的创新模式,为"四跟四走"精准扶贫奠定了坚实的思想基础。

中国传统文化源远流长。但是,在中国的各个历史时期,中国传统文化的代表作和主流载体却总是创新的,没有相同的载体可以永久的存在。诗经的简约,楚辞的华丽飘逸,先秦文学的俊美理性,两汉文赋的雄浑和秀丽,唐诗宋词的完美和谐,明清小说的深刻广阔,无一不是中国传统文化创新发展的标志。

但是,有的人会说,中国的文化传统是以创新为核心价值观的。可是,为什么中国在近代却落伍了呢?原因是什么?原因就是放弃、失去了创新发展的动力。

在第一次甲午海战之后,中国明显地开始衰落了。播下衰落的种子,既有外国人,也有中国自己人。这颗衰落的种子就叫"闭关锁国""自高自大"。

1682年7月7日,法国传教士白晋等人到达中国。当时的中国经济繁荣昌盛,综合国力强大,与西方的经济发展水平相比仍然处在领先地位。此时西方的基督教世界刚刚迎着文艺复兴的霞彩从中世纪的漫漫长夜中苏醒。最发达的资本主义国家当时资本主义的生产方式也才刚刚在泥土中萌芽,有的还未播种,而美国

当时还处在封建农奴制度时期。

康熙皇帝对外国传教士的到来，表示出极大的欢迎。在外国传教士的帮助下，康熙皇帝学习了天文、历法、化学、数学、西方哲学，由此看到了一个崭新的充满活力的外部世界。康熙皇帝下令在全国实行对外开放，引进外国的先进思想和科学技术，并允许传播福音。但是，康熙皇帝遇到了一个棘手的问题，这就是"礼仪之争"。因为，外国传教士对中国引进科学技术的目的，就是要把他们的宗教思想引进中国。而当中国允许基督教在中国传播的时候，罗马教皇却禁止中国教友供用中国礼节，禁止祭祖尊孔，使中国的传统文化处在十分尴尬的处境，并面临着一次严峻的考验。

康熙皇帝视中国传统文化为国教、国俗，视中国传统文化为立国之本。一方面，他十分喜欢外国的先进科学文化，认为对中国有很大的帮助；另一方面，又不愿意因为接纳外来文化而丢掉中国传统文化。在康熙皇帝看来，接纳和吸收外来文化，并不影响中国传统文化作为国家的立国之本。把外来文化融合在中国传统文化之中，并系统地、完整地保持中国传统文化作为国教、国俗的地位，是康熙皇帝追求的一种美好愿望，他力求在《圣经》和《易经》之间求得一个平衡点。可惜，西方世界没有接受康熙皇帝对外开放的思想，他们断然地关上中国刚刚打开的对外开放的大门，使中国这个当时经济高度发达、但同时也是高度封闭的"海禁"密网之中的国家的对外开放和现代化进程与历史失之交臂。

西方现代化的进程虽然不愿意同中国携手同步，但是他们从中国的传统文化之中却得到了极大的便利。如同西方列强在中国的四大发明之中得到极大的便利一样，西方的科学家通过西方的传教士带回去的中国传统文化，从中吸取到了丰富的营养。莱布尼兹是一位戴着数学家面具的西方神学家。在德国汉诺威图书馆保存着莱布尼兹与当时在康熙朝廷供职的传教士白晋讨论《易经》卦象的信件一束。莱布尼兹在信中说：

> 八卦是中国人所认为八个基本的画图，我相信，伏羲要将创造放入这八个画图之中；宇宙一切，从0与1而来，这关系，《创世纪》也曾谈及；0是表示先天地创造而存在的定立匠，其次七日之内，在各日表示已存在和被创造的物；第一日之初，是1，即神的存在，第二日之初，是2，即为第一日所创造的天和地的存在，最后到第七日是万有存在；因而最后之日，是最完全，亦即是安息日，到了这日，万有皆备，所以没有0，即"111"。二元算术二进位的七日排列是，000，001，010，011，100，101，110，111；用0与1的符号，到第七日，表示万物皆备，这真是一个极神奇的方法，从这些0与1记号的数字，并可以见出三位一体的关系。

莱布尼兹与白晋书信的要旨也是在《圣经》与《易经》之间寻求契合点。

康熙皇帝是一位伟大的政治家，他勤政爱民，治国有方，在他的领导下，中国维护了民族团结和国家的统一，抵御了外来侵略，经济建设也呈现出一派欣欣向荣的景象。乾隆盛世是从康熙皇帝开始的。对待外来文化的传播，康熙皇帝表现出了一种博大的容纳胸怀和自信心。但是，康熙皇帝面对世界日新月异的科技发展趋势，却没有把握住机会，表现了一种在我们今天看来是近似麻木的态度。对西方国家的封锁，听之任之，尽管当时的中国比西方世界强大。但是，任何国家和民族不跟随历史发展的趋势前进，就会被历史所抛弃。康熙皇帝打不开被封闭的大门，等于放弃了一个科学技术发展的空间和经济发展的空间，与人类社会发展的步伐相脱节。如果从康熙时代就进行创新发展，今天的中国无疑将会与西方先进国家齐驱并进。

历史的事实已经反复地告诉我们，我们也必须牢牢地记住，不创新、不改革，国家就不会有发展，民族就不会有进步。

怀化市"四跟四走"精准扶贫的创新之路再次证明了这一原则和道理。

三、精准扶贫的创新之路涵盖思想创新、方式方法创新、制度创新和科技创新

创新是国家之利器。什么时候创新，什么时候就发展。什么时候放弃创新，什么时候就停滞不前。创新在手，社会进步，经济发展，国家强盛，人民幸福。遗弃创新，冷落创新，社会衰落，经济贫穷，外敌入侵，国土任人宰割，人民苦不堪言。

我们的时代是一个日新月异的时代，是一个创新在手、创新

为荣、创新称雄的时代。思想创新、方式与方法的创新、制度创新、科技创新，已经成为我们各行各业的当务之急和生活的组成部分。新的时代、新的生活、新的业绩呼唤新的理论来指导；呼唤新的工作方式和方法来开辟新路，呼唤新的制度来保障，呼唤新的科技形成新的生产力。与时俱进，发展创新，既是马克思主义活的灵魂，也是中国传统文化的历史特征。精准扶贫作为时代的新业绩，涵盖系统的创新，给我们多方面的实践新启示。

其一，思想创新，为"四跟四走"精准扶贫奠定创新实践的基础。

中国的扶贫攻坚事业已有很长的年份了。但是，为什么年年扶贫，贫困现象仍然没有消除呢，甚至有的地方脱贫后又返贫呢？一个重要的原因就是在扶贫的思想观念上没有创新发展，以往的扶贫不能说没有下气力，也不能说没有成效。但是，有的地方扶贫目标不确定，扶贫效果不检验，扶贫责任不到位，扶贫就是发放救济资金，发放物资，扶贫也就成了利益的香馍馍。贫困户不思进取，年年等靠要，有的人得到扶贫款不是去生产，而是吃喝玩乐。贫困县不是以贫困为耻，而是以贫困为荣，争取国家级贫困县成为一项重要的工作业绩。有的县摘掉贫困县的帽子很忧愁，戴上贫困县的帽子很高兴。因为，戴上贫困县的帽子每年有扶贫款。贫困县的帽子摘掉了，扶贫款就没有了。所以，一些贫困户、贫困县的目标不是以脱贫为目标，而是以贫困为幌子、为借口，以享受贫困扶助为自乐，以致年年扶贫年年贫成为一种地方现象。每到年底，一些贫困户就到乡政府询问："我的贫困救济什么时间下发啊?"一些贫困县总是到省政府、到中央一级的部委办,要贫困资金。吃救济,靠救济生活,成为一些人的常态。

一个深层次的原因是有的地方没有把扶贫工作纳入经济发展的主体主流之中,而是把扶贫仅仅作为一个被动接受援助的个体。有的地方,规定干部一帮一对口扶贫,仅仅就是送钱送物,既没有产业扶植,更没有市场对接,纯粹就是只有输血功能,没有造血功能。只有投入,没有产出。更没有成本核算和效益统计。这样的扶贫,哪能脱贫。

精准扶贫作为一种创新的思想提出之后,扶贫不再是一种漫无尽头的物质输送和享受,而是一种社会责任和目标。精准扶贫的理念重在"精准"二字,扶贫不再是一笔糊涂账,而是有社会目标,有社会责任,既有资源配置的新集体经济的组合,又有市场经济的对接跟进,还有具体的任务指标分解到人。这样,扶贫的实践就发生了本质的变化。这个本质的变化就是从省到市到县到乡到村,层层签订脱贫目标责任书,使扶贫不再是一种单纯的钱和物的输送,而是一种有时间限定的历史责任与经济价值的考核目标。这样,扶贫的输血功能就变成了造血功能,变成了产业的效益功能。这说明,只有思想创新,才会有实践的创新。没有精准扶贫观念的提出,哪来的"四跟四走"? 一般的就是"一跟一走",即扶贫资金跟着贫困人口走,到此完事。而精准扶贫引导下的"四跟四走",把精准扶贫的思想落实在行动中,使精准扶贫成为了一种产业的发展,一个"义利兼顾"的社会责任与经济效益相统一的经济行为;一种变过去的输血功能的单项扶贫改造为造血功能的系统扶贫的、与市场经济相连接的产业工程。这完全得益于"精准扶贫"的思想新观念带来"四跟四走"精准扶贫实践的新方式。

其二，方式、方法的创新，为"四跟四走"精准扶贫开辟了发展新路。

"四跟四走"精准扶贫，创新了精准扶贫新的工作方式和方法，为扶贫攻坚开辟了一条既符合客观实际，又卓有成效，既符合时代的需求，又有发展创新的扶贫新路。

过去扶贫的方式和方法基本上是"一跟一走"，即资金跟着贫困人口走。由于没有精准扶贫的思想和方法，"一跟一走"有时资金还到不了位。即使扶贫资金到了贫困人口手里，资金有时也没有用在扶贫事业上，而是成了贫困人口的零花钱。有的地方为了避免扶贫资金成为零花钱的弊端，把扶贫资金转化为实物实业，实行产业扶贫，如养羊、养鸡、养兔、养猪等。但是，由于没有与生产能手、技术能手、致富能手相结合，没有与市场相结合，养殖业也不是很成功，有的就成了贫困人家餐桌上的美食。所以，"四跟四走"精准扶贫把基层党支部结合进来，把市场结合进来，精准扶贫的面貌就为之一新了。扶贫不再是个人的行为，而是集体经济的行为，贫困人口跟着致富能手走，就是跟着党支部走，就是跟着集体经济走。这样，扶贫由个人的力量变为集体的力量，这是"四跟四走"精准扶贫不同以往扶贫方式的一个巨大的变化。

"四跟四走"精准扶贫不同以往的本质变化是"跟着市场走"。

以往的扶贫是单项、个体的行为，势单力薄。最关键的是过去不少地方的扶贫与市场相脱节，没有与市场经济相结合，这种扶贫游离于主体经济以外，几乎是一种自生自灭的经济行为。这种扶贫没有主体责任，没有成本核算，没有效益的统计，可以说是一种原始的、落后的生产方式。在封建时代也有贫困救济方式。如宋代，就有安济坊。凡是贫困人口都可以在那里免费吃饭住宿。有劳动能力的可以在那里学会生存的手艺，干活还可以得到工钱。这是一种一时一式的物质金钱的施舍救援，这种施舍和救援不能从根本上解决贫困问题。所以，这种扶贫方式和方法也是不科学的、落后的。不能从根本上改变这种原始的落后的扶贫方式方法，扶贫脱贫就是老驴推磨，永远没有尽头。

"四跟四走"精准扶贫，把扶贫与市场结合起来，扶贫就走上了科学发展之路，走上了效益倍增的道路。因为，市场经济是有成本核算的，讲成本核算，就要有经济效益。有了经济效益，脱贫就成为了现实。从个体的扶贫到集体、到市场的扶贫攻坚，其生产方式从原始的生产方式推进到了现代化的市场经济的生产方式，这是一个时代的跨越，也是一种科学的跨越。

在人民公社时代，大集体的生产方式，经济效益低下，没有普遍的富裕。而只有集体的贫穷，但是，没有个体的贫困。吃大锅饭，出集体工，是很多贫困人口至今怀念人民公社的理由。

在改革开放前期，土地家庭联产承包责任制到人，农村生产方式方法从集体生产变为个体生产，一部分有能力的人，有资本的人，通过勤劳致富，走上了先富的道路。但是，生产环境恶劣的地方，没有能力和资本的一小部分人，仍然过着贫困的生活。要改变他们贫困的状况，一个重要的方法就是改变他们的生产方式和生活方式。

在社会主义市场经济条件下，人们之间的各种经济联系和关系都是通过市场来实现的。过去有的地方的扶贫，其行为游离于市场经济之外，本质上就是限制和局限了贫困户的消费者主权。因为，市场经济的基本原则是按照价值规律，是讲究效益的经济。价值和利润是生产的目的，资本市场、劳动力市场、土地市场，这些生产要素只有与市场经济紧密结合，才会产生价值和利润。有了价值和利润，扶贫攻坚才会有实际效果，脱贫致富才成为实际的可能。

"四跟四走"精准扶贫的资本要素就是整合的扶贫资金，劳动力要素就是贫困人口本身的劳动力投入，土地要素就是劳动力本身的承包土地。这几种生产要素组合一起，与市场经济相结合，就形成了新的生产方式与方法。这就是社会主义市场经济时代的新的集体经济的生产方式和方法。

这种生产方式和方法也不是一蹴而成的，而是经历了一个由低级向高级发展的过程。只有经历了粗放式扶贫的艰难与乏力，才会有"四跟四走"精准扶贫的出现。在市场经济的条件下，扶贫的生产方式和方法只有与市场相结合，扶贫攻坚才会有成效，才会产生价值和利润。这是"四跟四走"精准扶贫新的生产方式和方法提供给扶贫工作的一个重要的经验；这同时也是提供给市场经济发展的一个重要的经验。因为，转变生产方式和方法，不仅仅是扶贫工作所需要的，也是其他一切经济工作都需要的。转变生产方式和方法，推动了精准扶贫事业的发展，也必将推动其他各行各业经济的发展。

其三，制度创新，为"四跟四走"精准扶贫奠定生产新方式。

"四跟四走"精准扶贫的新方式，最重要的基础是制度创新。没有制度创新，就不会有"四跟四走"精准扶贫新方式的出现。这个制度的创新就是简政放权，做活、做实、做强乡镇，就是建设好村党支部。没有简政放权，没有村党支部的做实，"四跟四走"就没有实践的基础。

制度创新决定生产方式的创新。"四跟四走"精准扶贫的模式，关键是实现了生产方式的创新，而生产方式的创新取决于制度。有什么样的制度机制，就有什么样的生产方式。

怀化市委、市政府简政放权，将人、财、物的管理权限以及人员从市、县两级政府下移、下沉到乡政府。这种制度创新，实际上也是社会制度的一种新的社会分工，这种分工，更加符合精准扶贫的社会发展，更加符合生态文明时代经济发展的规律。

在社会主义市场经济发展过程中，社会分工以及社会资源的配置是生产要素的关键所在。过去有的地方的扶贫之所以没有发挥效益，关键是扶贫工作的社会分工和资源配置没有参与到经济建设的主战场和市场经济主流之中去。扶贫工作仅仅是单向的扶贫行为，大部分属于慈善事业的归类，如光彩扶贫、希望工程、母亲行动等，这些基本上都是一种相对脱离于经济活动以外的单向的给予、赞助。这些行为的本身不会产生经济效益。而扶贫工作的本身不作为社会分工的一员、一个阶层，不能参与到经济建设的主体中去，不参与到市场经济之中，扶贫的资源配置不加入到市场经济中去参与竞争，扶贫就只能是一种输血的功能，而不会产生造血的经济效益，而只有"四跟四走"精准扶贫实践以后，"四跟四走"把社会分工中的一个阶层，即贫困的农户，参与到市场经济活动之中来，并把生产要素与资源配置，也加入到市场经济之中来，实现社会分工、资源配置与市场经济融为一体，"四跟四走"精准扶贫才产生出经济效益，这种效益是持续的，是长久的。这样，精准扶贫就实现了精准脱贫，脱贫致富也就成为良性循环。不再会出现过去的那种脱贫后又返贫的历史现象。

社会分工和资源配置加入到精准扶贫之中，使"四跟四走"精准扶贫实现了新的生产方式，并产生出经济效益。在这个过程中，制度的力量是显著的。因为，只有简政放权，才会有"四跟四走"精准扶贫。假如不是简政放权，行政权力还是掌控在市县两级政府，老百姓办一个身份证还要跑到县城，等上几个星期，领一个扶贫款项，要到县扶贫办等上几天。贫困户没有人组织起来，还是单干，新的集体经济不能形成，精准扶贫就还是一个理想。而只有在新的制度和机制的引领下，"四跟四走"精准扶贫形成了新的生产方式，把社会分工以及社会资源配置、生产要素与市场经济结合起来，精准扶贫才有可能实现脱贫致富，制度创新才有可能成为"四跟四走"精准扶贫的基础和保障。

其四，科技创新，为"四跟四走"精准扶贫提供新的生产动力。

科技创新是我们新时代的新的生产动力，这一点在"四跟四走"精准扶贫中表现得尤为突出。

怀化的科技创新有农业科技的创新、林业科技的创新、网络科技的创新及科技创新平台等。在怀化"四跟四走"精准扶贫产业链中，农业科技的创新、林业科技的创新，比比皆是。如科技种茶，农业科技创新的栽培技术的运用，都使精准扶贫的产业效果倍增。但是，怀化精准扶贫中最为显著的科技创新成果是网络科技的力量。

网络科技是当代新的生产力，为当代提供了新的生产和生活方式。在"四跟四走"精准扶贫中，网络科技形成了不可替代的强大的生产力。在精准扶贫中，网络在乡村实现了全覆盖，成为"四跟四走"精准扶贫这一产业链中重要的生产工具。

网络科技在"四跟四走"精准扶贫中，与劳动生产力、资源配置一起，实现了生产的升级换代，实现了生产力的跨越式发展。过去，农业生产中间，缺乏网络科技这一现代化的生产工具，生产力十分低下。信息闭塞，大山外面的购销信息传不进来，大山里面的物质生产信息也传不出去。造成物流堵塞，大批的农副产品常常因为找不到商家，而腐烂在地头田野。早些年，靖州的杨梅、麻阳的柑橘，都曾经因为销路不畅，而在树上挂果自然衰落，造成农副产品丰产不丰收。现在，怀化市乡村网络全覆盖，农副产品在网络上销售，一个信息邮件，不到两天，怀化的农副产品就可以快递到北京、上海、广州，当天就可以到达省会长沙以及周边的城市。信息流的畅通，带来了物流的畅通，金融的畅通。网络科技变成了精准扶贫的生产工具和生产力，使精准扶贫的生产方式从过去落后的简单的生产方式一跃而成为信息文明时代的最为先进的生产方式。生产方式从农耕文明时代转变到生态文明时代，靠的就是互联网科技的力量。网络科技成为生产工具之一，是精准扶贫的时代特点，也是科技文明与生态文明的成果之一。

为充分发挥科技创新对精准扶贫产业的支撑和引领作用，怀化市委、市政府以创建国家高新技术开发区为抓手，进一步加强怀化科技服务体系和服务能力建设，加快建设产业链、创新链、资金链、价值链深度融合的国际化创新创业平台，建设五省边区绿色产业科技新城，构筑区域创新发展、赶超发展新引擎。

第二节 绿色——"四跟四走"精准扶贫的时代特色

一、致富不生态、生态不致富是精准扶贫的悖论

青山绿水、生态文明是党的十八大以来强调的发展理念。党的十八届五中全会确定的五大发展理念，把"绿色"作为发展理念之一，可见生态文明的时代正在向我们走来。

但是，过去有的地方却是依赖于资源消耗来发展经济，特别是像怀化山区地带，更是靠资源致富。一是靠砍伐森林，出卖木材；二是过度开发矿产资源。有的人认为致富不生态，生态不致富，是山区经济发展的特点。在山区，既要致富，又要保护生态资源，很难。

怀化地处湖南中西部的武陵山脉，风光秀丽，山清水秀，但是基础设施薄弱，产业发展滞后，教育资源缺乏，公共服务供给

不足。一般的人都认为发展经济、保护生态是一对矛盾，要发展经济，承接沿海地区的产业转移，引进工业项目，区域经济发展见效快，群众脱贫致富也快。但是生态就要受到影响。

面对发展与生态的矛盾，市委、市政府坚持生态文明与经济发展两不误。市委书记、市人大常委会主任彭国甫强调："精准扶贫既要算好经济账，也要算好生态账。一笔是青山绿水就是金山银山的生态文明账，一笔是短时发展，导致生态恶化、长期贫困、得不偿失的经济账。"假如从沿海地区引进高耗能、高污染的化工企业，厂房建在青山绿水之间，短时间内税收上去了，群众的收入上去了，脱贫的问题也解决了。但是，从长远的效果看，要治理空气污染、水污染、土壤污染，政府可能要投入更多的钱。对于这种得不偿失的经济发展，市委、市政府的态度就是对于破坏生态的工业项目，一个都不能上。坚决制止那种经济发展了，生态也破坏了的现象发生。要守住青山绿水就是金山银山的生态发展底线。

怀化山区的老百姓长期是靠山吃山，"砍一根竹子，吃一个礼拜，砍一棵树，吃一个月，砍一片山林，吃一年"是老百姓的生存方式。长此以往，砍树不造林，就会坐吃山空。生态环境破坏，就会水土流失，甚至导致山体滑坡，引发地质灾害。恶性循环，贫困帽子就总是摘不掉。所以，守住生态底线，就是经济发展的生命线。要跳出山区"贫困—脱贫—再贫困"的发展怪圈，就要处理好脱贫与生态的关系。脱贫致富与青山绿水应该是相得益彰，而不能是钱包鼓了，森林生态没有了。在精准扶贫中，一定要秉承"绿水青山就是金山银山"的发展理念，只有算好了生态账，才可能实现科学扶贫、精准扶贫、可持续发展致富的生态文明之路。

二、怀化"四跟四走"精准扶贫的绿色发展模式

生态文明是一个新时代的开始。目前，人类文明正在从后工业文明时代向生态文明时代转变。2009年12月在哥本哈根举行的全球气候大会，证明生态文明时代已经到来。在最近几十年里，全球变暖，人类生存环境恶化告诫人们，生态文明只能是未来发展的主流。

在漫长的封建社会，农耕文明维系着社会的生存与发展。由于生产力水平发展的局限性，人类对生态文明重要性的认识还不是那么迫切。但是，同样需要、也离不开"生态文明"的发展思维。恩格斯在《自然辩证法》中谈到农耕文明时代人们砍伐森林，开垦农田，人类由此而受到大自然灾害的惩罚，所强调的思想就是生态文明的发展理念。

在工业文明时代开始的时刻，蒸汽机的汽笛拉响了向现代化进军的号令，电的光明照亮了工业文明的前程。民主、自由、平等、博爱的思想构建了社会生活的价值观和价值体系。但是，工业文明带来的环境污染，资源消耗所引发的气候变暖、资源争夺等弊端，凸显人类由工业文明向后工业文明时代迈进并向生态文明时代转化的必要性和紧迫性。今天，以电子计算机为代表的信息革命，以生物基因科技为代表的生物革命，以和平、发展、合作

为代表的思想革命，标志着人类现代化进入一个新的历史里程。信息革命、生物革命是这个历史新里程的物质基础，而和平发展是这两个物质基础的精神灵魂。两者相辅相成，互相促进，缺一不可。这正如马克思所说的那样，"只要有人的地方，自然史和人类史就相互制约。"（《马克思恩格斯选集》第一卷，人民出版社1972年版，第21页）

今天，中国改革开放成就辉煌。科技的力量显示出强大的创造力和推动力。在农业科学、基础数学、生物技术、航天航空科技等方面，中国已经达到世界一流的水准。有资料表明，中国今天的科技创新力也走在世界前列。新科学、新材料、新工艺、新发明作为经济持续发展的核心动力日益加强。显然，坚持科技创新仍是保持发展经济活力的基础和条件。党的十八大以来所奉行的青山绿水、生态文明的发展方针，坚持科技、文化、教育体制创新。近年来实行的扩内需，保民生，调结构，促发展，转变生产方式和经济增长方式的经济政策；提倡节能减排，环保经济，无不显现中国生态文明的发展特征。这是历史发展的必然需求。

怀化市"四跟四走"精准扶贫的发展与生态文明紧紧地联系在一起，显示出了绿色经济发展的时代特色，凸显了生态文明时代的发展特点。怀化市坚持发展绿色工业、绿色农业、绿色旅游业。一句话，以绿色的发展理念，推进产业发展。

中央民族大学副校长，怀化市挂职市委常委、副市长邹吉忠认为，"四跟四走"精准扶贫，应把绿色发展、生态文明放在发展的首位，避免出现致富不生态、生态不致富的发展怪圈。具体做法是：以保护生态为第一发展要义。凡是不利于生态发展，影响环境保护的工业产业项目，再赚钱也不接受，也不引进。开发绿色生态农业，如有机茶园、葡萄、猕猴桃、杨梅的生产和加工等。实行农产品的深度加工，并形成特色养殖业的产业链。保护生态环境，开发生态旅游服务产业、健康养老产业、电商产业、商贸物流产业。

第三节 协调——"四跟四走"精准扶贫的哲学方法

一、协调是精准扶贫的科学工作方法

协调是党的十八届五中全会所确定的五大发展理念之一。

"四跟四走"精准扶贫，既是精准扶贫项目的工程，同时也是一个系统工程。要完成这项工程，协调是关键。

"四跟四走"精准扶贫的协调，首先就是要明确精准扶贫的目标，精准扶贫的难点、重点在哪里？扶贫怎样精准？精准扶贫的方式和方法是什么？

怀化精准扶贫的目标是什么呢？这就是帮助75.23万贫困人口脱贫致富，过上幸福美好的生活。作为项目工程，需要点对点，扶贫精准到人、到户。作为系统工程，需要全社会共同协作、共同关注、共同扶贫。做到有钱的出钱，有力的出力，有智慧的出智慧，形成全社会扶贫的统一战线。同时，要做到人与社会、人与自然的和谐发展。精准扶贫不仅仅是经济上扶贫脱贫，更为重要的是精神上、思想上的自强、自立。扶贫先扶志。扶志重在践

行社会主义核心价值观。

扶贫的难点、重点是什么呢？这就是成片的贫困人口基本上都是处在高寒地区，生存生活条件恶劣。在自然条件好的乡村，贫困家庭基本上就是缺少劳动力，家里或者有病人和残疾人。

精准扶贫的方式、方法是什么呢？就是不同的贫困人口，实行不同的扶贫方式和方法。

对成片的生存条件恶劣的贫困村，实行整体搬迁，就地城镇化。对个体的贫困人口，根据不同的情况，分别采取不同的扶贫方式和方法。或产业扶持，或金融扶贫，或土地流转，折成股份加入股份公司，或医疗救助、兜底保障。

协调有人与人之间的协调，有村与村的协调，有乡与乡之间的协调，有部门与部门之间的协调。有经济结构的协调，有利益之间的协调。精准扶贫需要全方位、多层次、多结构的协调，才能成就精准扶贫到位、到点，才能达到脱贫致富、共同富裕的境界。

精准扶贫的最高境界是实现人与人、人与自然、人与社会的协调发展，和谐相处，共生共荣。

二、协调也是哲学的思辨

协调也是一种哲学方法论。它既是哲学思想又是工作方法。协调作为哲学方法，它的核心是中国传统文化的"天人合一"的哲学思想。"天人合一"是以科学思想为思想基础的。这就是《易经》的辩证法思想。这是中国古代自然科学和社会科学的结晶。

《四库全书》的编者纪晓岚说"《易》之为书，推天道以明人事者也"。这里的"天道"就是自然,"人事"就是社会。总揽天(自然)和人(社会)两个方面,其中隐藏一个包含人文在内的天文学和包括天文在内的人文学,是一个双螺旋异向同步的运动规律。这种规律就是"天人合一"的表现形式。俄罗斯的文学大师列夫·托尔斯泰学问渊博,道德高尚。当他看到中国的《易经》《老子》《中庸》时,感到十分惊奇和赞叹,评价这是思想"极深刻"的大作。《易经》《老子》《中庸》《墨子》诸书,讲的都是"天人合一"的大学问。它们思想的足迹早已铭刻在中外文化交流的大道之上,它们思想的光辉照在异国他乡也显得富丽辉煌。

英国学者李约瑟博士在《中国科技史》中说:"《易经》的学者们……非常接近现代科学的见解,因为他们这种思维方法,正是所谓'场'的思维方法。"

英国历史学家汤因比在其鸿编巨制《历史研究》中对全世界各个文明体系作了全方位的探讨,而选择了象征中国传统文化"天人合一"的太极图作为他的思路的象征。

在《文明的起源》这一章中,汤因比历数了斯宾塞、黑格尔、圣西门、恩贝多克利等一系列西方哲人用各个不同的语言所表达的宇宙中两种力量更迭的律动,从而推崇中国的太极图来说明全世界26种文明的兴亡盛衰、退隐和复出。

丹麦科学家波尔是20世纪的伟大科学家,他率领的哥本哈根学派为原子物理和创立的量子力学作出了重要贡献。1947年,丹麦政府决定授予波尔级别很高的勋章,波尔亲自设计的中心图案,就是中国的太极图,以象征性的方法表示并协性。波尔的学生、现代著名的物理学家惠勒是美国第一个氢装置的主要设计者，是相对论天体物理这一领域的开拓者，曾创"黑洞"理论。1981年10月，惠勒在中国发表讲演时指出："世界独立于我们之外而孤立地存在着这一观点已不再真实了。在某种奇特的意义上，宇宙本是一个观测者参与着的以上种种现象表明，现代西方科技精英们都在向中国的'天人合一'的宇宙观倾斜和靠拢。"联合国教科文组织国际教育发展委员会编著的《学会生存——教育世界的今天和明天》一书中，引用了马克思的一段话："自然科学往后将包括关于人的科学，正像关于人的科学包括自然科学一样，这将是一门科学。"（《马克思恩格斯文集》第1卷，人民出版社2009年版，第194页）

今天应该研究这门科学。这就是"天人合一"这门科学。协调就是天人合一的外在表现形式。

怀化市"四跟四走"精准扶贫，作为扶贫项目的精准工程，市、县、乡分别签订了目标责任书，扶贫对象到人、到户，扶贫方式和方法到人、到户。作为一个系统工程，"四跟四走"的协调，是一个全面整体的协调，也是一个既有分工又有合作的协调。各个单位、各个部门，通力合作，分工到人、到单位。最为关键的是，精准扶贫，要做到人与人的协调、人与自然的协调、人与社会的全面协调。

协调是"四跟四走"精准扶贫的哲学方法。

"资金跟着贫困人口走"，首先就要协调资金的来源。资金来源多种多样，有上级下拨的扶贫资金，有贷款的资金，有捐献的扶贫资金。资金落实到贫困户的手中，保证资金有序到位，就是协调的过程。

"贫困人口跟着致富能手走"，是人与人之间的协调。有的致富能手不愿意扶贫，这就需要双向协调。一是把致富能手培养成党员，让党员起到带头作用。二是把党员培养成致富能手，让党员勇挑扶贫的重担。

"致富能手带着贫困人口跟着产业项目走"，是生产方式的协调过程。因为项目不是天然的，是需要与市场接轨，去创造、创新的。

"产业项目跟着市场走"，则是一个全面综合协调的过程。这是一个更高层次、更高规模的协调。市场不是一个单项的形态，它包含了经济活动的方方面面，包含了产业与产业的方方面面，既有市场信息的千变万化，也有市场价格、市场发展趋势与风险的升降沉浮。没有全面综合协调能力，项目找不到市场、市场也会找不到项目。农副产品过剩、滞销等弊端，都是发展项目与市场脱节的表现。

市场经济是今天社会发展的一个重要载体，是社会发展的基础。在今天，市场经济决定了社会发展的方向和内容。怀化的"四跟四走"与市场相结合，把精准扶贫融合到了社会发展的大市场、大背景，使精准扶贫具有社会发展的不可或缺的意义。

在人类进入 21 世纪的今天，世界各国的思想家都在苦苦思索人类未来思想的走向，许多杰出的思想家认为，中国传统文化将是未来世界思想的主轴。1988 年，几十位诺贝尔奖获得者在法国巴黎聚会。诺贝尔物理学奖获得者汉内斯·阿尔文博士在闭幕会上说："人类要生存下去，就必须回到25世纪以前，去吸取孔子的智慧。"英国著名历史学家汤因比和日本著名学者池田大作甚至认为，未来统一世界思想的不是西方思想，而是中国的传统文化。

孔子的核心思想就是"天人合一"。这是中国文化的制高点，也是世界文化的制高点，中国文化最强大的软实力就是"天人合一"，就是协调。谁拥有文化的制高点，谁拥有文化的软实力，谁就拥有最强大的力量，谁就拥有发展的未来。

西方国家不害怕中国经济的发展，西方最担忧的是中国文化的复兴和发展。

协调成为"四跟四走"的哲学方法，因而也就具有社会发展的强大推动力。

领导者的第一能力就是协调力。协调能力的高低，代表领导者水平与能力的高低。没有协调力的领导者，他的能力也是不全面的。

全面的协调能力，可以从困境走向胜利。如毛泽东通道转兵、遵义会议、苟坝掌印，实施四渡赤水战略，使红军3万人摆脱敌军30万人的围追堵截，胜利走出困境。

全面的协调能力，可以转危为安。如周恩来在西安事变中运筹帷幄，纵横捭阖，联蒋抗日，实现了抗日的统一战线，并取得了抗日战争的伟大胜利。

全面的协调能力，可以开创一个新的时代，如邓小平、胡耀邦开展真理标准大讨论，平反冤假错案，实行农村家庭联产承包责任制，顺利地实行了以经济建设为中心的战略大转移。

三、协调，要学会全面地、历史地、辩证地分析问题、解决问题

协调的目的是要能够正确的分析问题、解决问题。要做到这一点，就要学会全面地、历史地、辩证地分析问题、解决问题。

怀化市的"四跟四走"精准扶贫，就是全面地、历史地、辩证地分析问题、解决问题的结果。

从全面的、历史的角度看待怀化市的"四跟四走"精准扶贫，怀化市的精准扶贫就是扶贫攻坚的一种历史延续。

怀化市的扶贫工作同全国一样，已经有很长的时间了，今天的扶贫工作是过去的扶贫工作的一种延续。过去的扶贫工作投入大，时间长，为什么效果不显著呢？关键的问题是，不是精准扶贫，而是粗放型扶贫。粗放型扶贫解决的是一时的脱贫，简单的脱贫，而不是从本质上根绝长期的贫困。

精准扶贫思想的提出，要解决的问题是从根子上解决贫困的问题，因为，所谓的精准扶贫，就是精细扶贫，就是准确无误的扶贫，扶贫不能是一个有死角、有余地的扶贫，也不能是大略、大概的脱贫。从扶贫攻坚，到精准扶贫，是一个扶贫指导思想的转变。

要做到精准扶贫，就要从历史的、全面的发展过程中寻求新的扶贫之路，就要摒弃过去的那种粗放型的扶贫思路。变输血为造血，变"等靠要"为自主、自立、自强。

协调过程的分析问题、解决问题也是一个辩证的分析问题、解决问题的过程。

要精准扶贫,首先得承认贫困户的现实问题。这就是首先要帮助贫困户。"资金跟着贫困人口走,贫困人口跟着致富能手走",就是一个帮助贫困户的过程。只有承认现实,才能改变现实。

"致富能手带着贫困人口跟着产业项目走,产业项目跟着市场走",就是一个从量变到质变的过程。

辩证地看精准扶贫,扶贫的难度是很大的。但是,只要扶贫的指导思想对了,扶贫的路径对了,扶贫的难度就迎刃而解了。因为,"贫困人口跟着产业项目走,产业项目跟着市场走",把社会分工、资源配置与市场结合在一起,精准扶贫就形成了市场经济的产业链。这样,精准扶贫就不仅仅是个慈善事业,也不仅仅是受赞助的对象,而是精准扶贫以及贫困户都变成了市场经济的主体组成部分。随着市场经济的成长壮大,精准扶贫产业也就随着成长壮大,精准扶贫融入市场经济的海洋之中,精准扶贫也就到达了致富的彼岸。精准扶贫也就完成了自己的历史使命,扶贫从难到易也就完成了转变的过程。

全面的、历史地看待怀化的"四跟四走"精准扶贫,前面的历史的扶贫过程也是弥足珍贵的。历届的各级党和政府的扶贫攻坚都为精准扶贫奠定了坚实的基础。没有这个基础,精准扶贫也许还有一个更长的探索与实践的过程。我们不能说吃第三个包子就饱了,前面吃的两个包子就没有作用了。不是这样的。历史的延续有一个自然的从低级到高级的发展过程。前人的铺垫是后来人的基础,站在前人的肩膀上,我们只会站得更高,看得更远,走得更坚实。

辩证地看待"四跟四走"精准扶贫，这种扶贫方式的最为可贵之处就是把扶贫对象、扶贫资源配置，融入到市场经济中去，从而实现了贫困户由被动地接受援助到主动地发挥自身的活力，改变了过去的那种游离于市场经济以外的被动式扶贫。地位和身份的转变，是"四跟四走"精准扶贫本质的升华。这是辩证思维带来的成效。

精准扶贫的难与易，精准扶贫的主体与客体，精准扶贫的整体与局部，精准扶贫的历史与现实，都是辩证的对立统一体。用辩证的方法来处理好这些矛盾，就可以解决矛盾，完成相互之间的转化。

假如我们不是历史地、全面地、辩证地看待"四跟四走"精准扶贫，把精准扶贫与历史割裂开来，我们就会陷入盲目之中。不是辩证地把精准扶贫的主体和客体有机地融入到市场经济的同一性中去，精准扶贫也就不会升华到市场经济发展的高度。不是处理好精准扶贫整体与市场经济发展的局部的关系，精准扶贫就不会与市场经济实行有机的融合。所以，全面地、历史地、辩证地处理好"四跟四走"精准扶贫的相互关系，是"四跟四走"精准扶贫成功的哲学收获，是协调的成功案例。

第四节 开放——"四跟四走"精准扶贫的世界视野

一、开放是精准扶贫的世界视野

中国改革开放30多年的历史进程中，开放是中国的基本国策。而中国加入世贸组织却是中国最大的对外开放。这标志着中国正在融入全球经济一体化之中。

怀化市"四跟四走"精准扶贫是开放型的扶贫。因为它涵盖了经济市场化、全球化的特点。而不是只局限于一地一域的单纯的解决温饱的问题，而是开放发展，把本地的扶贫融合于市场化的发展，从而把扶贫提高到现代化经济发展的高度，实现了从扶贫到小康的现代化的历史跨越。

对外开放，对内搞活，是中国改革开放成功的两轮驱动，犹如鸟之两翼。

开放是五大发展理念中枢。开放是创新思维的基础，没有开放，就没有创新；没有开放，也就没有协调；没有开放，就没有共享。

开放有各种各样的开放，就区域而言，有沿海地区的开放，有内地的开放。就意识形态而言，有思想的开放，有观念的开放，也有价值观和价值体系的对撞与防范。就行业而言，有产业的开放，也有产业的壁垒。

就市场经济而言，全球贸易的一体化，已经成为不可阻挡的趋势和潮流。

市场化经济和经济全球化的显著特点是经济发展的相互融合，相互发展。优势互补，利益双赢，是市场经济、经济全球化的发展选择。任何经济单边主义发展与市场经济的原则、世贸组织的原则都是相违背的。平等互惠，公平正义，共同发展才是市场经济、全球经济一体化所要遵循的准则。在市场经济以及全

球经济一体化过程中，开放是实现利益双赢的思想基础和行为
需求。

当然，这种双赢不是免费的午餐，而是必须学会用现代经
济发展的方法、规律以及制度来适应新的形势。2015年，由美国
2008年次贷危机引发的全球经济危机，还未完全消退。世界石油
价格的下跌，中国经济的消长，也随之波动。有经济学家说，美
国这次经济危机，是中国帮了美国。假如没有中国留存在美国
的4万亿债券，美国的经济复苏会很慢。也有经济学家认为，中
国不应该留存过多的美金、股票、债券，而应该拿回这些资本用于
本国的教育、医疗、住房、就业、保险等民生事业。也有经济学家认
为，帝国主义已经在没有硝烟的经济战场中取得了胜利。因为，
他们在改革开发30多年中，从中国市场所取得的利益，远远超
过了鸦片战争中列强们所得的总和。

这些认识，站在一个点上看问题，都有自己的道理。

但是，从中国现代化发展的历史看，从中国融合世界经济一
体化的进程看，从中国作为社会主义国家，展示社会制度的优越
性，推进世界开放发展，和谐发展，共享发展，维护世界和平稳
定的大局看，中国的外汇储备、外贸盈利以及金融债券，都是不
可缺少的资本。那种认为中国不应该加入世贸组织的观点，那种
认为加入世贸组织就是被和平演变的观点，那种认为中国关起门
搞建设，也可以独善其身的观点，那种认为中国改革开放引进外
资，导致中国人吃亏的思想在本质上都是闭关锁国的思想。

闭关锁国的思想曾经导致康乾盛世走向衰落，也导致"文化

大革命"对中国现代化建设事业造成了巨大的损失。

当今，在世界经济一体化发展过程中，当代的中国共产党人没有步前人闭关锁国之后尘，而是实行"请进来、走出去"的"一带一路"的改革开放战略，实行国内国际两种经济资源、两个经济市场同时并举的战略。中国加入世贸组织，实行"一带一路"的战略，成立亚投行，就是改革开放的全面深化，任务也更艰巨。中国要接受这种既是机遇又是挑战的严峻现实，而不能有丝毫的畏惧和胆怯。而且，经济全球化，其经济交往和贸易都是双赢结构。帮助别人，就是帮助自己，只有对方赚钱，才能自己赚钱，对方不得利，自己就得不到利。假如自己得了利，这种利也不是长久的。《论语》说："己欲达而达人，己欲立而立人。"这种思想境界，其实就是一种双赢境界。那种"不是东风压倒西风，就是西风压倒东风"的思维模式，不适应全球市场化、经济一体化的发展思想。

不能否认，发达国家的经济贸易行为为了自身利益的发展，其贸易手段的老辣多样，其战略眼光的深谋远虑，其文化价值观念的成熟渗透，其行为方式的独到新颖，其配套机制（法律、政策、人才）的系统完备，都是发展中国家所不及的。在这一方面，中国作为发展中国家必须很好地学习发达国家先进的方法以及管理制度。不学习，不进取，不创新，中国也有可能在世界经济一体化中败下阵来。因为，世界经济一体化，有共同遵守的游戏规则，中国既然加入了世贸组织，就要学会用新的游戏规则来处理世界政治、经济、文化依赖程度日益紧密背景下的经济利益的驱动、贸易大战的短兵相接、金融战争的瞬息变化等问题。

中国传统的经济法则讲究的是"将欲取之,必先与之"。利益双赢是世界经济一体化所有成员国的共同价值取向。除自然灾害的人道主义援助以外,世界各个国家的经济贸易行为都是为了自身的利益而相互交往的,都是通过相互的经济行为带来共同的利益而合作的。马克思赞同商业是"各民族、各个人之间的团结和友谊的纽带"(《马克思恩格斯全集》第 1 卷,人民出版社 1972 年版,第 601 页)这一观点。今天中国年经济总产值已经进入世界第二名。中国在发展自己的同时,也带动和促进其他国家和地区的经济发展。随着中国经济的强大,中国也到他国投资办厂。这种双赢的局面充分体现了开放的魅力和现代经济发展需求相适应的特征。

在新常态的历史时期,怀化市实行"四跟四走"精准扶贫的工程,无疑,也要用这种大开放的世界视野来推动精准扶贫。只有融合了这种大开放的战略思维,"四跟四走"精准扶贫才能融入市场经济,才具有现代化的意义。

在大开放的视野中,我们看到了怀化市"四跟四走"精准扶贫的世界开放视野。

出口贸易。在会同,由贫困户土地流转入股以及贷款资金入股的万亩有机茶园,其产品全部出口到欧盟。

为了出口贸易的便捷,怀化海关已经启动工作程序。

怀化市洪江区是古代海上丝绸之路的重要中转商埠,中原物资经长江入沅水,过洪江换船后达贵州清水江源头,再换马帮进云南、入缅甸或越南,最后经由陆路或印度洋抵达西域。怀化的天后宫妈祖庙是内地唯一的妈祖庙。为了扩大怀化的开放，融入"一带一路"的大开放格局，怀化在"一带一路"的战略发展中也具有历史资源的优势和地缘经济的优势。

怀化地处湖南西南部，是湖南省面积最大的地级市。区域面积 2.76 万平方公里，辖 13 个县市区，总人口 525 万。

怀化是区域性的中心城市。素有"滇黔门户""全楚咽喉"之称，地处湘、鄂、渝、黔、桂五省边区中心位置，方圆 350 公里左右无大城市，经济辐射可达五省周边 44 个县、9 万平方公里、1500 万人口的广大区域，是自然形成的区域中心。目前正在建设五省边区生态中心城市。

怀化是全国性的交通枢纽。湘黔、焦柳、渝怀铁路和正在建设的怀邵衡铁路在市区呈"米"字形交汇，是全国重要的货运编组站之一；沪昆高铁建成通车，怀邵衡动车线已经开工，张吉怀客运专线即将开建，怀化将成为湖南第二个高铁大动脉交汇十字路口；209、320、319 三条国道和沪昆、杭瑞、包茂、娄怀四条高速公路贯穿境内，高速公路通车里程达到 680 公里，居全省首位；怀化芷江机场已开通至北京、上海、广州、深圳等 7 条航线；以沅江为主体的水运体系通江达海。怀化正在成为北通欧亚、南接东盟的重要连接点。

怀化是多样性的资源宝库。森林覆盖率达 70.8%，是全国九大生态良好区域之一，是国家生态示范区和全国生态文明示范工程试点市，被誉为"一座会呼吸的城市"；水能理论蕴藏量 499 万千瓦，为全国十大水电基地的主体地带；茯苓、天麻等中药材产量和黄金、铜、磷、硅沙、重晶石等矿产储量均居全国或全省前列；51个民族在这方土地和谐共存，创造了绚丽多姿的民族文化，侗族的鼓楼、风雨桥、吊脚楼与合拢宴，独具民族韵味；以洪江古商城、黔阳古城、荆坪古村为代表的30多处集中连片的古城古镇古村保存完好，被誉为"中国古建筑博物馆"。怀化还是抗战胜利受降地，举世瞩目的中国人民抗日战争胜利受降仪式在芷江举行，芷江受降前、抗日战争最后一战——湘西会战阵亡将士陵园就在怀化市溆浦县龙潭镇弓形山。

怀化是湖南经济版图新的重要一极。2015年11月，湖南省委、省政府提出"一核三极四带多点"区域发展战略，把"一极两带"（打造辐射大西南、对接成渝城市群的新增长极，建设沪昆高铁经济带、张吉怀精品生态文化旅游经济带）作为怀化发展战略的新定位。目前，正在奋力实施"一极两带"和"一个中心、四个怀化"（建设五省边区生态中心城市和绿色怀化、法治怀化、智慧怀化、幸福怀化）战略，努力建设成为比较大的大中城市、全省经济版图的重要一极。

这些地缘的文化优势、经济优势、交通优势，都是怀化开放的优势。

二、怀化市最有效的开放是思想的开放、制度的改革

开放不仅仅是商业上的开放，更为重要的是思想的开放，行政上的开放。怀化市简政放权，把51项市县政府的管辖权全部下放到乡级政府，这是一种具有与世界接轨同步发展的国际思

维。因为,中国改革开放的制度短板就在于政府与市场、政府与社会、政府与基层治理上还有短板,还有深化改革的空间。行政干预过多,该管的没有管理到位,如媒体的虚假广告、食品中的有毒食品肆虐、医疗卫生中的医患纠纷、教育资源的不公平等,都是管理不到位的表现。而不该管的却揽权不肯撒手。在制度改革开放上,怀化市做了可贵的探索。全国人大副委员长严隽琪在考察怀化"四跟四走"精准扶贫模式后,评价"怀化的经验是可以复制和可以推广的"。

构建开放的社会,目前的中国社会面临多种挑战。最大的挑战来自生产方式的滞后,来自人们思想观念的滞后。

在市场化、经济全球化的过程中,有的人还不善于用新的思维来应对新的问题。这是潜伏的危险。因为世贸组织的基本框架、基本法律准则渗透市场经济的思想理论和行为规范。我们有的人生活在全球经济一体化发展的海洋中,却不愿意上市场经济这条船,相反,还在用传统的思维、传统的生产方式、传统的制度应对新世纪世界社会经济的深刻变化和发展。长此以往,就会像毛泽东说的那样"被开除球籍"。在扶贫工作中,有的人、有的地方还在等、靠、要。只有输血功能,没有造血功能。继续下去,精准扶贫就会落空。

今天,转变生产发展方式已经成为中国经济发展的时代主题和重要的战略任务。中国的劳动密集型、粗放型产业,高能源消耗,低附加值产业急待转型。科技含量高、自主创新型产业,具有核心知识产权竞争力产业期待增多增强。在城市化进程中,失地农民安置就业如何做到科学有序？股市、楼市作为各地政府财政收入的重要来源，怎样惠民强国？教育、医疗卫生制度怎样做到以民为本？都要求我们规范管理，服务到位。特别是改革开放后利益重新分配格局引发的漠视群众利益、公权利益化、制度缺陷性腐败等危害社会发展的种种问题应当高度重视，并用创新的制度、创新的思想价值观予以解决。因为，这些世态表象后面，隐藏着一个时代的弊端，这就是信仰虚无，道德沦丧，拜金主义，金钱至上。究其原因就是，改革开放是一个历史的转型时期，随着社会政治、经济、思想、文化形态的转轨，人们的思想意识、行为规范也将发生变化。

问题的关键是，要转变好今天的生产发展方式，首要是必须转变传统的思想观念，做到经济基础与上层建筑发展相适应。2014年11月9日，习近平总书记在亚太经合组织工商领导人峰会上阐述我国经济发展新常态下，速度变化、结构优化、动力转化三大特点。其主题思想就是要用开放的理念应对新世纪社会、经济、文化的深刻变化，以实现生产发展方式的转变。没有这种开放思想观念的转变，不构建中国共产党新的思想价值观和价值体系，中国新常态的生产发展方式的转变就会失去方向与和谐。中国全面深化改革时期的双重社会矛盾也就无法从根本上得到解决。

转变生产发展方式以及经济增长方式，党中央、国务院1995年就提出了要求。但是，20多年来，中国生产发展方式改变不快。世界工厂的帽子依然戴在中国的头上，原因有多种，但根本的原因还在于人们开放的思想观念的严重滞后。阶级斗争的观念和方法，滞后、落后的思想观念还在深深地影响人的思想和行为，还在制约制度创新以及生产方式的转变。延续下去，中国的经济发展将面临着兴衰成败的抉择。2008 年世界金融危机，2015 年经济下滑，都向中国敲响了警钟。高举开放的旗帜，继续转变思想观念，转变生产发展方式已成为中国当前刻不容缓的头等大事。

1978 年以及 1990 年，中国经济发展方式都面临着历史的抉择。农村生产责任制以及市场经济有着姓资姓社的激烈争议。"实践是检验真理的唯一标准"的大讨论，邓小平"南方讲话"，突破了传统思想的束缚，奠定了中国改革开放的思想理论基础。中国改革开放终于迈开了巨人的步伐。邓小平理论的杰出贡献就在于变革不适应生产力发展的生产关系，实现了计划经济向市场经济的转变，实现了经济成分的多样性。这是改革开放的决定性胜利，也是中国经济持续发展的坚实基础。

今天，以五大发展理念，构建好社会主义价值观和价值体系，协调处理好生产力与生产关系，经济基础与上层建筑的关系和矛盾。以实现生产发展方式的转变，与当年真理标准大讨论推进改革开放、推动生产力的发展一样，具有同等重要的不可缺失的历史意义和作用。

怀化市"四跟四走"精准扶贫，实行简政放权，促进了生产方式的转变，这是很好的开端。现实已经证明，不构建新的价值观和新的价值体系，并用新的价值观指导制度创新，要转变好生产发展方式，就缺乏思想基础与思想动力。所以，思想的开放、制度的改革才是最重要的、最大的开放。

三、实践出真知，与实践相结合的开放，是最有实效、最有实力的开放

开放有国家级的开放，也有地方级的开放。国家的开放主要是宏观政策的制定和开放；地方的开放主要是微观政策的执行和开放。

国家的开放重在政策引导，地方的开放重在实践，重在与实践相结合的创新开放，与本地实践相结合的创新开放是最有实力、最有实效的开放。

怀化市精准扶贫，创新"四跟四走"的模式，就是最有实力、最有实效的开放。因为，开放要落地、生根、开花、结果，就是要与本地实践相结合。要接地气，谋发展，重实效。

开放不能攀比，大城市的开放，沿海城市的开放，不一定适应内地的开放，不一定适应山区的开放。只有适应本地的开放，才是真正的开放。那种照搬外地的开放政策，不一定适应本地区的发展。

开放重在解放思想，重在制度创新，重在与实践相结合。

"四跟四走"精准扶贫是一种思想解放的开放，是一种制度创新的开放，但是，最为重要的是与本地实践相结合的开放。从这种意义上说，人人都是投资环境，个个都是开放特使。

"四跟四走"精准扶贫的思想开放，体现在创新了实践精准扶贫的新思想、新观念。把精准扶贫注入了新的思想观念，扶贫

不再是单向的接受援助，领取扶贫款，被动地游离于市场经济以外的单向的馈赠行为，而是一种新的融入市场经济之中的创新产业。

"四跟四走"精准扶贫的制度创新体现在简政放权的结构上，体现在村级党支部的建设上。因为，没有简政放权，没有村级党支部的建设，"四跟四走"就没有腿脚，就寸步难行，就难以接地气，迈开步，走进精准扶贫的康庄大道。

"四跟四走"精准扶贫不是外来的开放模式，也不是上级指定的开放模式，而完全是怀化市委、市政府根据精准扶贫的思想原则，根据本地的实际情况，创新开放发展的扶贫新模式。

开放不能是只喊口号，只有书面的承诺，而没有实际行动。

开放也不是无原则的退让、无原则的让利、减税。有的地方为了招商引资，政策优惠，出让土地价格优惠，减税。这样的开放只是表面的开放，而不是实质的开放。实质的开放就是思想的开放，制度的开放，就是按照市场规律和价值规律办事，不违法乱纪，不以出卖利益为开放的条件。只有符合规章制度和法律程序的开放才是最有力、最有效的开放。而那种打擦边球的开放，突破政策底线的钓鱼开放，终究是不保险、不靠谱的开放。而只有像"四跟四走"精准扶贫的创新开放，把生产的社会分工、资源配置与市场经济相结合所形成的创新开放，才是最有力、最有效的创新开放。

创新开放也包含人文精神的开放，包含廉洁奉公的政治生态，包含地方社会风气风俗的纯洁。怀化少数民族的淳朴风情与习俗，也都是创新开放的最好资源。地方政府政治生态的青山绿水，也是开放的低成本资源。

近些年来，怀化市委、市政府，在反腐倡廉方面，严以律己，做到风清气正，形成了良好的政治上的绿水青山。这是开放的良好基础与软实力。

有的地方政府，总是想向上级伸手要开放的政策，而不注重本地开放资源的创新建设，结果，招商引资来了，但是由于开放的软实力不够，软环境太差，引资的外来企业又走了。

据统计，深圳的开放政策就文本而言，还比不上内地的省份。内地有的省份，制定的开放政策比深圳更为开放。但是，实践的效果很差。招商引资的效果很差。重要的一条就是开放的实践意识很差。口惠而实不至。口头上讲开放，一套一套的，但是，一接触实际，就叶公好龙。这样的开放，制定再多的政策也是无用的摆设。

所以，实践出真知。开放重在实践，重在与本地实践相结合。

四、创新开放，必须要有前瞻性的战略思维

重在实践的开放，还要有前瞻性的战略思维和战略眼光。凡事预则立，不预则毁。

25年前，湖南省委、省政府举办国际烟花节、国际龙舟节、国际森林节，提出会展经济的概念。当时有的人就想不通，认为这些节日又不生产物质，有什么用呢？开会还能形成经济，这不是天方夜谭吗？25年过去了，会展经济已经成为国际经济发展的通用的工具。湖南是最早提出会展经济的省份，但是，会展经济的成效比不上深圳、杭州、南京，更不要说与北京、上海、广州相比了。

25年前，有学者提出，湖南粮食丰产不丰收，要改变这种大而不强、大而不实的状况，关键在于改变粮食生产结构，提高大米的质量。今后粮食的竞争力，不在数量，而在质量。当年，外省粮店挂出的广告牌是，今天不卖湖南米。20多年过去了，外省粮店现在挂出的广告牌是，本店不买湖南米。

湖南大米的难为境地，主要就是没有前瞻性战略思维。"湖广熟、天下足"的湖南、湖北大米，已经是昨日黄花了。

深圳是一座创新型城市。深圳的经济增长量一直走在全国的前列。有许多城市对此有些困惑。因为，深圳的工厂基本上没有增加，厂房也没有增加，由于粗放式加工企业迁移到内地，城市的厂房相应还减少了。但是，深圳的 GDP 却大幅度增长。于是有人怀疑深圳虚报产值。但是，到实地一考察，才发现了奥秘。原来深圳是腾笼换鸟。减少粗放型企业，大力发展高科技企业，仅华为一家企业的年利税，就有几百亿之多。一家的产值，超过一个城区的产值。一个大楼，就相当于几百家工厂。这样的企业还有腾讯等。

25年前，长沙高桥是一家大型的物流商贸企业。时任湖南省主管商贸的副省长周时昌建议高桥在原有物流的基础上，开展网络贸易，建立网络平台，实行网络交易，减少物流成本，将信息流、物流、资金流融合一起，打造新的贸易产业。这个产业就是现在的互联网贸易产业。可惜的是，当时不少人达不到这样的思维层面，难以理解现代化物流的基本概念，所以只能在房地产的圈圈里吃点时间差的便当。

要是理解了现代化物流的生产流程，那么，马云就有可能不是马云了，而是罗云或者是刘云，也许是余云、李云了。

湖南的科技网络在20多年前就很发达了。当时处在全国的顶级水平。与上海、北京处在同一发展水平。这是湖南邮电人的骄傲。可惜，科技的优势没有转变为生产力发展的优势。在互联网行业，湖南没有一家超大企业。

在信息化时代，信息化的技术工具就是生产力，捧着金边饭碗没有饭吃，是一个落伍于时代的悲剧。

怀化"四跟四走"精准扶贫的提出，就是具有前瞻性的战略思维。因为，当人们普遍把精准扶贫仅仅看成是一种脱贫致富的手段时，"四跟四走"就已经把精准扶贫与市场经济相衔接了。把精准扶贫与互联网技术相衔接了。这种前瞻性的思维，提升了精准扶贫的技术含量和时代的档次。

工业化时代，电的发明运用，蒸汽机的发明运用，是生产力以几何方式增长的奥秘。信息化时代，互联网技术的运用，也是生产力以几何方式发展的奥秘。

怀化市提出的就地城镇化的概念也是一种前瞻性的战略思维。当人们普遍扩大城市容量的时候，怀化市委、市政府提出就地城镇化。再过20年，我们就会发现就地城镇化的生活环境，会远远地超越了大城市的环境。因为大城市的雾霾、供水的困难、城市垃圾的处理、人口的拥挤、空气的污染，都是与小型城镇化的惬意所无法比拟的。世界城市的发展趋势都不是增容、扩容,而是小型化。没有这个前瞻性的战略思维,城镇化就会走向自己的反面。如同工业化进程一样。有的地方不顾环境、不顾资源的消耗,拼命发展工业,结果,造成资源枯竭、环境污染。要恢复以前的环境,却需要花费更多的钱,无论是从长远看还是从现实看,都是得不偿失。

"一带一路",是国家重点发展战略。有的人却看不到这种战略的意义所在。而怀化市却把自己融入到了"一带一路"的战略发展之中。就区域优势而言,怀化市是湖南省融入"一带一路"战略中去的最佳区域。这里既有古丝绸之路的历史故事,也有现实发展的需求。讲好历史的故事,怀化市可以做大"一带一路"的旅游蛋糕,可以发掘丝绸之路的历史文化精华,扩大怀化市的影响力。做好现实的发展,怀化可以用好、用活"一带一路"的政策、资金,增强自身的发展,把怀化打造成为中国西南地区最具活力的区域中心城市。

战略思维是创新开放的软实力,也是持续发展的基石。发展有没有后劲,有没有稳定的、持久的发展定力,全在于战略思维的前瞻性、科学性、可持续性。怀化市的"四跟四走"精准扶贫、就地城镇化、网络科技的城乡全覆盖、融入"一带一路"的发展,这几项战略思维的叠加,从思想上、布局上保证了怀化市发展具有稳定性、科学性和可持续性。

第五节 共享——"四跟四走"精准扶贫的社会目标

一、共享就是共同致富，就是走社会主义市场经济发展道路

共享是党的十八届五中全会提出的五大发展理念之一。怀化市"四跟四走"精准扶贫的发展过程就是共享的过程，社会发展的目标就是共享。共享首先是一个社会发展的过程，这就是共同建设、共同发展、共同致富、共同享受发展成果的实践过程。

同时，共享也是一个顶层制度的设计目标。共享是社会主义的本质特征，是社会主义共同富裕的原则和目标。

共享社会有别于中国社会主义其他历史时期的显著特征是以人为本，是以全民的幸福安康作为社会的发展取向。这与以阶级斗争为纲的观念取向截然相反；比以只强调经济建设的社会发展价值取向具有更高、更完美的社会意义。只强调经济建设偏重的是经济效益，"向钱看"也就理所当然。而以人为本的社会价值取向重在民生，是以人的尊严与幸福，以人的自由、全面的发展作为社会发展价值标准的。党中央、国务院近年来在经济发展的基础上，着力保障和改善民生，推进社会体制改革，扩大公共服务，完善社会管理，促进社会公平正义，努力在全体人民学有所教、劳有所得、病有所医、老有所养、住有所居等方面，做了大量的工作。考核业绩也不再片面偏重经济总产值，而是以人民幸福指数为标准，完全体现了社会共享、关注民生、以人为本的理念。

但是，改革开放是中国现代化进程中的历史转型时期，随着社会政治、经济、思想、文化形态的转轨，人们的思想意识、行为规范也将发生变化。

以经济建设为中心，本质上是要以社会效益和社会发展为中心。但是，曾几何时，一切向钱看却成了衡量社会价值的标杆和尺度。有些政府部门，权力利益化，利益制度化、法律化成了制度缺陷性腐败的温床。有的垄断行业，变国家资源为利益资源，其收入远远高于社会平均收入数倍甚至几十倍。但是与为国家所上缴的税收并不成正比。全国各地屡禁不止的制假贩假案件；经济、司法以及人事行为中的权钱交易；社会公益事业的金钱化运行（如高价医院、高价药品）；教育产业化的金钱化驱动（穷人家孩子上不起大学，贷款读书毕业找不到工作，也还不起钱）；房地产追逐金钱的商业化炒作（城市新地王不断涌现）；歧视民营企业的国富民贫导向，都偏离了社会公平正义的轨道。郭伯雄、徐才厚的买官卖官事件，黑龙江韩桂芝买官卖官事件，湖南郴州市委、市政府主要官员的集体买官卖官案件，孙志刚事件、黄光裕经济犯罪案，高级法官黄松有、吴振汉、奚晓明受贿案等等，都是社会主义新时期新的思想价值观和新的价值体系严重缺失的典型表现，与之相伴随的是制度缺陷性腐败。这些负面现象的存在，败坏了社会风气，破坏了党和群众的关系，加剧了贫富悬殊的差距，妨碍了思想文化创新发展，阻碍了社会经济的和谐发展。

要解决中国改革开放转轨时期的种种社会矛盾，要真正做到以人为本，关键是用五大发展理念构建新的思想价值观和核心价值体系。2013 年，中共中央办公厅发出文件，号召全国人民践行社会主义核心价值观，文件中指出："社会主义核心价值体系是社会主义意识形态的本质体现。""是社会主义先进文化的灵魂。"要"切实把社会主义核心价值体系融入国民教育和精神文明建设全过程，转化为人民的自觉追求"，"用社会主义核心价值体系引领社会思潮"，"始终坚持社会主义核心价值体系在多元社会文化中的主导地位，并将之贯穿于文化建设的全过程，最大限度地形成全国人民团结奋斗的共同思想基础。"这是我们建设社会主义核心价值体系的指南。

构建社会主义核心价值体系（包含以爱国主义为核心的民族精神和以改革创新为核心的时代精神），关键是要建设好中国共产党的核心价值观。其灵魂与核心就是"实事求是"与"为人民服务"。每一个共产党员，各级人民政府牢记和践行为人民服务的宗旨，种种腐败与社会不公平现象就会随之消失。因为对政府来说，政府的主要作用与功能其实不是赚钱的，而是社会公平正义的主持人。它为全社会提供公共服务，而不是为某一个集团或某一个阶层服务，也不是为自己服务，更不是权力得不到监督，以权谋私。在经济发展方向上是藏富于民，民富国强。

而建设好中国共产党的核心价值观关键在于人，即中国共产党的全体党员，特别是党的高级干部。强调个人对核心价值观和价值体系建设的重要性，是因为个人是这个体系中最基本的元素和细胞。只有细胞健康，整个生物链才会健康安全。这也是以和谐社会思想构建核心价值体系，与民生幸福安康的社会发展相适应的基本条件和必然需求。因为，马克思认为"社会的全面发展"

的前提和基础是"个人全面而自由的发展"。(《马克思恩格斯全集》第 23 卷,人民出版社 1972 年版,第 649 页)

二、共享首先是先进的、文明的制度共享

中国经过 30 多年改革开放洗礼,经济成分多样性、经济形式多样性已成为中国创新活力的精神和物质来源。这种经济成分的多样性表现为国家的经济架构既有国有经济,又有非公有经济。这种经济形式的多样性,表现为既有中国大陆的以公有制为主导,包括非公有制经济等多种经济成分共同发展的社会主义市场经济形式,又有香港、澳门的符合中华人民共和国特别行政区基本法的自由经济发展形式。这些经济形式的多样化奠定了中国政治经济民主进步的基础;同时,也推进了中国民主政治的进程。这个基础和进程,是中国制度文明共享的一个组成部分。

中国目前正在逐步形成具有中国特色的社会主义民主法治机制。它包括基层民主直选。中国的村民委员会普遍实行民主直选。民主协商制,这就是以中国共产党为执政主体,各民主党派参政议政的民主协商制;还有人民代表大会的代议选举制度,党内的民主集中制。这种多层次、多方位形式的民主方式形成了中国社会主义特色的民主法治制度。这也是一种制度的共享。

这种制度也吸取了西方民主的有益成分。但是,中国不可能照搬西方的民主模式。今天世界有许多国家实行了英美民主模式。有的成功,有的不成功,有的甚至引发社会动乱,经济萎缩。这说明民主政治既是手段,也是社会目标,而实现这个目标

的途径是多种多样的。千篇一律，世界没有这么简单。各个国家的文化背景不一样，历史渊源不一样，发展形式不一样，经济水平不一样，实现民主的方法和途径也会不一样。

我们完全相信，中国的民主化进程以及政治体制改革随着中国经济的发展，将会日趋完善。因为，中国改革开放的巨大成就，不是在政治集权体制下取得的，而是在中国不断推进政治、经济体制改革所取得的。中国以实践作为检验真理的唯一标准；中国政经合一的人民公社改革为自主经营的经济个体；国有企业改制为股份制企业；中国由计划经济逐步走向市场经济。这都是中国政治、经济体制改革与共享的丰硕成果。

三、精准扶贫就是共建、共享，就是去两极分化

改革开放 30 多年，最为成功的经验就是基本上消灭了贫穷。中国成为世界第二大经济实体。这是改革开放的丰硕成果。

但是，中国仍然还有 7000 万贫困人口。

贫困其实是一个相对的概念。美国是世界上第一强国，但是，也依然有相对贫困的人。在美国街头，流浪儿、乞丐也是屡见不鲜的风景。因自然灾害饿死、冻死的人也经常见诸报端。

中国是社会主义国家，走共同富裕的道路是社会主义的本质所决定的。党的十八届五中全会所提出的五大发展理念的共享原则就是精准扶贫的思想指导。

共享的敌人是贫困、是贫富两极分化。

精准扶贫是实现共享的基础。但是，仅仅有精准扶贫，还达

不到共享的目标，要实现共享，还必须消除贫富两极分化。

消除贫富两极分化的基础是精准扶贫。精准扶贫的高级发展形式是共同富裕，是共享。要做到这一点，做好供给侧结构性改革，提供良好的社会公共服务，是供给侧结构性改革的历史使命。

目前，中国广袤的农村的社会公共服务供给还是一个很大的缺陷。教育的普及，有九年制义务教育，但是，学生还是要交学费。义务教育需要进一步完善。农村的医疗卫生有新农村的合作医保。但是，乡镇一级的医院条件简陋。小病不出村，大病不出县，还有一段距离。为此，我们要加大社会公共服务的功能建设，为全社会提供现代化的教育、医疗、社会保险以及养老保险的公共服务。这样，贫富两极分化才有可能得到遏制，社会才会稳定。

实现共享，消除贫富两极分化，制度反腐败是一个强有力的措施。贫富两极分化的主要原因是制度缺陷性腐败。

怀化市在精准扶贫中，清除"雁过拔毛"式的腐败，打苍蝇，实行网络反腐败，取得了很好的成效。这是建立健全微观的反腐败制度。有了这个微观的反腐败制度，基层的腐败可以得到遏制。但是，这是治理小河的水污染。小河的水污染根治了，大河的水源也就干净多了。但是，要根治大河的水污染，还是要从顶层制定反腐败的制度做起。其中财产公开制度应该是一项硬性的制度，只有让人民来监督政府官员，让官员的财产见到阳光，贫富悬殊才会遏制，并得到逐步的缓和。

四、实现共享，必须用制度文明来统一思想和意志

在新常态的历史时期，党的十八届五中全会提出的五大发展理念中，共享的理念既是一种远大的理想，也是一种现实的任务和目标。要实现共享，首先是要统一思想意志。

当今中国社会所实行的五大发展理念，其核心就要践行社会主义核心价值观。要发展社会主义核心价值观。其本质是以人为本，惠及百姓。其方法是科学发展，其方针与战略措施是，构建社会主义核心价值体系，转变生产发展方式，实行精神文明与物质文明的均衡、协调、可持续发展。其目标就是以人的全面自由发展作为社会发展的基础，实行制度文明。这是共享的强有力的改革与推动力。

共享体现了民主法治、走中国特色社会主义道路的必然趋势。因为，在世界经济一体化进程中，建设好中国的民主法治社会，是保证中国共产党处于不败之地的必由之路。

值得注意的是，我们有的人强调科学技术的重要性，强调发展经济的重要性，而忽略思想革命的重要性，这种观点应该得到改变。中国经济、科技在明朝中叶一直领先于世界近2000年，却没有发生工业革命，关键的原因就是制度没有创新，没有经过民主科学的思想洗礼。所以封建社会一直延续到20世纪中叶，直到中华人民共和国成立才算基本结束。英国学者李约瑟博士一辈子研究中国科技史，得出的就是这个结论，并认为中国共产党的民主比国民党的好，解放区比国统区自由。中国现代化也将快速发展。英国政府由此于1950年承认了新中国，

并建立了外交关系。

事实上也是这样。新中国成立后，中国现代化飞速发展。与1949年相比，第一个五年计划期间，新中国工业平均增长了18倍，农业增长了3倍。但是，由于以阶级斗争为纲，对中国传统文化的批判多于继承，扬弃多于创新，政治集权多于政治民主，中国的现代化由此陷于徘徊之地。直到改革开放，恢复中国共产党民主的作风，中国现代化才步入快车道。

历史证明，共享的发展理念与中国制度文明的发展需求相适应，充分体现了共享思想符合历史发展逻辑，并具有划时代的创新意义。

怀化市"四跟四走"精准扶贫的共享实践首先表现在制度文明的共享之上。没有简政放权，就没有"四跟四走"精准扶贫的措施落实，这种制度文明共享的进步意义是显而易见的。

这种制度文明的共享是社会主义制度文明优越性的体现，也是社会主义经济发展成果的共享。因为，"资金跟着贫困人口走"，国家的资金和贷款用于扶贫，本身就是一种社会资源的共享。"致富能手带着贫困人口跟着产业项目走"是一种社会生产力、社会生产资源的共享。"产业项目跟着市场走"，是一种从初级资源共享到高级资源共享的发展过程。市场化的资源共享是一个市场经济体系的共享，市场化的扶贫项目必定是实现了产业升级换代的经济成果丰硕的项目。

怀化市"四跟四走"精准扶贫与怀化市推行的市、县、乡三级反腐一体化、农村管理服务改革一体化、农村综合治理一体化（含市县乡三级警务一体化)是紧密相连的。因而共享具有更为全面的制度文明的广泛的政策红利以及措施和内容。涉及到方方面面的制度文明所能提供的精准扶贫的种种优惠。

"金融精准扶贫",共享了金融制度所提供的红利;

"旅游精准扶贫",共享了旅游制度的资源和优惠政策的红利;

"信息精准扶贫",共享了互联网信息资源的红利;

"医疗精准扶贫",共享了医疗制度文明的红利;

"交通精准扶贫",共享了铁路、公路、航空制度文明的红利。

总之,制度文明的资源共享,是怀化市"四跟四走"精准扶贫的共享特征,形成了各行各业共同扶贫的良好局面。同时,市、县、乡三级反腐败一体化,农村综合服务一体化,农村综合治理一体化(含三级警务改革一体化)也为精准扶贫提供了制度文明共享资源。

21世纪政治、经济和文化多样性发展,证实共享的社会发展理念与世界经济一体化相适应有着宽广的发展前景。怀化"四跟四走"精准扶贫的共享模式,有制度改革和文明的共享,有经济发展成果的共享,有精神价值观的共享,体现了基层各级政府崭新的执政理念,同时,它也在启示人们,坚持改革开放共享的中国,将会有更多的思想创新、制度创新、科技创新,形成新的规矩和新的社会秩序,来迎接新世纪的岁月。中国由此也会获得民族复兴的伟大空前发展。

后　记

　　扶贫工作是习近平总书记40年来不忘初心、始终不渝、一以贯之、所心系、所探索、所实践的重大理论课题与实践课题。

　　习近平总书记从1969年至1975年，作为知识青年下放在陕西省延川县文安驿公社梁家河大队，并担任大队支部书记。带领人民群众所实施的一系列的治山治水工程，如打下本村的第一口水井、第一口沼气池、第一个淤地坝，建立第一个铁业社、第一个磨坊、第一个缝衣社，这些都是实施扶贫致富的最基础性的工作。

　　1982年至1985年，习近平总书记在任河北省正定县委副书记、书记时，扶贫调研是一项经常性的工作。那时的习近平骑着自行车下乡调研，心中的楷模就是焦裕禄。当时在河北省，正定县率先实行"大包干"。因地制宜，实行"半城郊经济"，制定出"对外开放、对内搞活、依托城市、开发智力、发展经济、致富人民"的发展方针。"为官一任，造福一方，遂了平生意"（习近平诗句）。

　　1988年至1990年，习近平总书记担任宁德地委书记期间，带领闽东人民扶贫攻坚，倡导脱贫致富要走发展大农业的路子，组织经济大合唱，念好"山海田经"，一场扶贫接力赛由此开始。《人民日报》当时报道赞扬的"宁德扶贫模式"也由此推广。

1995年至2002年期间，习近平总书记担任福建省委副书记、省长期间，兼任福建宁夏对口扶贫领导小组组长。在教育扶贫、金融扶贫、人才扶贫、对外开放等多方面实行扶贫协作。20余年"不忘初心，继续前行"，取得了卓著成效。

习近平总书记满怀深情地说："40多年来，我先后在中国县、市、省、中央工作，扶贫始终是我工作的一个重要内容，我花的精力最多。"在习总书记身上，真正体现了当代中国共产党人、党的执政领袖"心中有党、心中有民、心中有责、心中有戒"的全心全意为人民服务的崇高思想境界和精忠报国的无限情怀。

2013年11月，习近平总书记在湖南湘西提出"精准扶贫"的理念。这是积40年扶贫经验，不断探索与实践总结出来的一个扶贫思想的理论问题，同时也是一个现实的实践问题；这是经过长期岁月磨砺出来的成熟的扶贫工作指导思想；是由基础性扶贫、粗放式扶贫向全面建成小康扶贫、精准科学扶贫的时代转换。

精准扶贫不仅仅是扶贫的实践问题，而更为重要的是一个扶贫的思想理论。"精准"意味着目标明确，实践具体，"精准"来不得半点马虎，来不得一丝一毫的虚假。"精准"有细化和量化的考核指标,"精准"有高标准、严要求的规则。精准扶贫思想提升了扶贫的新标准、新要求、新境界,体现了中国共产党人不忘初心、始终不渝、一以贯之,全心全意为人民服务的高度负责精神以及与人民群众始终血肉相连的无限情怀。有了这种精神和情怀,中国的扶贫攻坚任务可以如期完成,中国共产党和中国人民的"两个百年"的历史使命也完全可以如期完成。

湖南省怀化市"四跟四走"是贯彻落实精准扶贫思想的实践与探索,是精准扶贫思想的具体量化与细化的实践。它把扶贫与市场经济相连接,使扶贫的生产方式和方法从原始落后的简易形式推进到了现代化建设的现阶段,实现了历史的跨越。这使我们看到了全面建成小康社会的胜利曙光。而且,"四跟四走"精准扶贫是在新的思想理念指引下,转变生产方式,建立新规矩,形成新秩序所取得的新业绩。这一原则,不仅仅适应"四跟四走"精准扶贫工作,同样也是适应于其他各行各业的工作。

2016 年 4 月,有关领导安排我到怀化市调查研究精准扶贫工作。作为国家软实力的研究学者,通过怀化市的精准扶贫调研,我增强了"四跟四走"精准扶贫的感性认识和理性认识,同时也深切地感受到,精准扶贫是凝聚中国共产党人不忘初心、始终不渝、一以贯之,全心全意为人民服务的高尚情怀和崇高责任的一面旗帜;是体现中国共产党人践行社会主义核心价值观和价值体系,为民、亲民、富民的一座历史丰碑;是中国共产党治国理政,实现国家治理体系现代化,治理能力现代化,实现社会主义制度文明现代化的一块试金石。

到怀化市调研，我们要学习和保持中国共产党人为人民服务的宗旨与情怀；学习和尊重人民群众的创造精神与实践精神。怀化市的经验与实践作为"精准扶贫"的具体化与量化的工程，是否是可以复制和可以推广的呢？用全国人大副委员长严隽琪同志考察怀化市精准扶贫工作的话来说，"怀化的经验是可以复制和可以推广的。"

本书的第一作者应该说是湖南省及怀化市的同志们，是他们学习和实践精准扶贫的创新思想，创造了"四跟四走"的方式，才有这本书的写作。

衷心感谢怀化市委、市政府和市扶贫办及相关部门的同志与我一起调研，并提供的大力帮助。在怀化市的调研过程中，还得到了芷江侗族自治县、中方县、沅陵县、通道侗族自治县、辰溪县、溆浦县、麻阳苗族自治县、新晃侗族自治县、会同县、靖州苗族侗族自治县以及洪江市、洪江区、鹤城区等县市区的帮助。耳闻目睹，精神为怀化市精准扶贫的累累硕果而振奋。

囿于本人学识的浅陋，本书的不成熟之处在所难免。不对或不妥之处，谨请各级领导、各位专家学者以及读者批评指正。

是为后记。

胡应南

2016 年 8 月 10 日于湖南怀化